Vincenzo y Chiara Fabrocini

CÓMO CURARSE CON LA AROMATERAPIA

dve
PUBLISHING

© Editorial De Vecchi, S. A. 2019
© [2019] Confidential Concepts International Ltd., Ireland
Subsidiary company of Confidential Concepts Inc, USA
ISBN: 978-1-64461-466-2

Impreso bajo demanda gestionado por Bibliomanager

ÍNDICE

PROPIEDADES Y UTILIZACIÓN DE LOS ACEITES ESENCIALES

LOS ACEITES ESENCIALES MÁS UTILIZADOS EN AROMATERAPIA

APLICACIONES TERAPÉUTICAS

INTRODUCCIÓN

La aromaterapia es una fascinante y compleja ciencia natural que tiene sus orígenes en la tradición médica y popular de hace miles de años en Egipto, Persia, China, India y Grecia, cuando médicos y sanadores descubrieron que los aceites esenciales exprimidos o destilados de ciertas plantas calmaban el dolor, aliviaban el mal humor, favorecían el sueño y exaltaban la fuerza vital. Hoy día los aceites esenciales, extraídos mediante destilación de flores, frutos y otras partes de las plantas, se utilizan para curar numerosas molestias, cuidar la salud y ofrecer una sensación de bienestar físico y psíquico.

Las esencias aromáticas son concentrados vegetales energéticos muy potentes. Se utilizan en dilución con otros aceites vegetales, en soluciones alcohólicas o sencillamente con agua. Se pueden utilizar externamente, mediante baños aromáticos, baños de manos y de pies, inhalaciones o vahos, gárgaras y enjuagues, compresas húmedas aplicadas encima de diferentes partes del cuerpo, masajes y fricciones. Se pueden incluso ingerir, pero siempre después de dilución y controlando las dosis correctas específicas para la molestia que se desea curar. Es necesario seguir las indicaciones de un doctor experto en aromaterapia, disciplina que no es ni sencilla ni superficial: se trata de indicaciones que en este libro se precisan para cada molestia presente en las «Aplicaciones terapéuticas». En conclusión, es importante recordar que la toma diaria de aceites esenciales específicos y adecuados a nuestro estado de salud garantiza el correcto equilibrio del organismo y el buen funcionamiento de los órganos y de los aparatos básicos, especialmente los intestinos y los pulmones; además previene y combate las infecciones internas, refuerza el sistema nervioso, revitaliza y tonifica la piel, ayudando a tener siempre un aspecto sano y cuidado.

PROPIEDADES Y UTILIZACIÓN DE LOS ACEITES ESENCIALES

LOS OLORES
Y EL OLFATO

LOS OLORES

Los olores son moléculas suspendidas en el aire que penetran en las cavidades nasales y sensibilizan los receptores de las fibras del nervio olfatorio que acaban en el bulbo olfativo, el cual está directamente conectado con el sistema límbico del cerebro.

El sistema límbico graba en el archivo de la memoria los comportamientos emotivos e instintivos provocados por los olores, comportamientos antitéticos como el placer y el desagrado, la felicidad y el dolor, la atracción y la repulsión, el amor y el odio.

EL OLFATO

El olfato es el más inmediato de los cinco sentidos del hombre.

En la vida de relación, a menudo decimos haber juzgado a una persona sólo mirándola, basándonos en lo que hemos captado con la vista: realmente la primera sensación nos llega siempre del llamado *husmeo*, del olfato, que está estimulado por los olores y que pertenece al sistema límbico, conocido también con el nombre de *cerebro viejo*, ya que su formación se remonta a 70 millones de años atrás. Básicamente se puede decir que la nariz «ve» antes que los ojos. El olfato anticipa la vista y también el gusto, el oído y el tacto, y puede proporcionar datos para un primer juicio acerca de cosas, personas y ambientes. Cada persona tiene su propio olor personal inconfundible. Todo tiene olor, incluso las emociones.

El sentido del olfato está muy desarrollado en los animales llamados *macrosomáticos* y es de importancia básica para su supervivencia. El perro posee 225 millones de células olfativas, el conejo 100 millones. En nuestra especie, sólo son 20 millones, pero esto no significa que el hombre haya perdido la capacidad instintiva de comprender el lenguaje de los olores. Como buen animal, lucha para sobrevivir en una sociedad altamente competitiva, y sigue siendo capaz de «husmear» una situación o una persona positivas, o al contrario, dañina.

Esta capacidad es útil también en la elección de las esencias aromáticas con las que cuidarse.

De hecho, es siempre el sistema límbico, o rinencéfalo («cerebro que olfatea»), quien nos indica las moléculas esenciales aromáticas más adecuadas para curar nuestras molestias o, más sencillamente, para cuidar nuestro estado de salud. Siempre coinciden con las que resultan más agradables a nuestro olfato.

LOS ACEITES ESENCIALES

QUÉ SON

Los aceites esenciales, conocidos como *aceites etéreos* o *esencias aromáticas*, son sustancias líquidas, o raras veces semisólidas, con olor aromático y perfumado y alguna vez con sabor agradable.

Se encuentran en las flores, en los frutos, en las hojas, en las semillas, en las raíces y en las partes leñosas de varias plantas medicamentosas. Algunos aceites esenciales están también contenidos en productos de excreción de algunos animales, como la algalia y el almizcle.

No constituyen una categoría bien determinada de compuestos químicos, sino más bien una mezcla heterogénea de sustancias volátiles, presentes especialmente en plantas aromáticas pertenecientes a las siguientes familias: Compuestas, Cupresáceas, Labiadas, Mirtáceas, Umbelíferas y Rutáceas.

CÓMO SE OBTIENEN

Los aceites esenciales se extraen por exprimido, compresión, con solventes y, sobre todo, a través de vapor.

El sistema de la destilación en corriente de vapor se conocía ya en la Antigüedad, pero fue en la Edad Media cuando se puso realmente en marcha y se perfeccionó. Alquimistas y médicos, para extraer las drogas vegetales, destilaban las plantas en corriente de vapor condensando en un segundo tiempo a través de enfriamiento los vapores de la ebullición. Este sistema es práctico para todos los que puedan utilizar un alambique, siguiendo la metodología clásica que esta práctica exige. Así actúa también el farmacéutico cuando quiere preparar los aceites esenciales, que normalmente compra en las casas especializadas en su extracción.

LA DESTILACIÓN POR VAPOR

Es una operación de laboratorio o industrial que tiene la finalidad de separar un líquido de las sustancias no solubles contenidas en él. Se realiza hirviendo el líquido y condensando mediante enfriamiento los vapores de la ebullición.

Parece que el descubrimiento de este método de extracción de los aceites esenciales de las plantas se atribuye a Avicena (980-1037), filósofo y médico árabe.

El método fue después descrito e introducido en Europa por Arnaldo de Vilanova en el siglo XIII.

La destilación por vapor es todavía hoy un método muy difundido para la extracción de esencias aromáticas, que se prefiere por la elevada volatilidad y la escasa solubilidad en agua de los aceites esenciales. Según su densidad, el aceite puede flotar en el agua o hundirse tras la condensación.

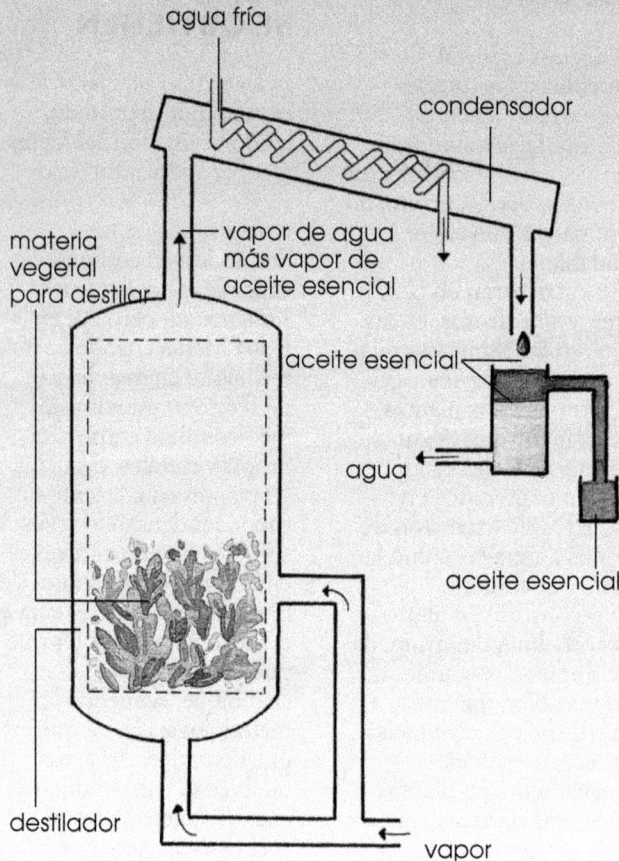

agua fría

condensador

materia vegetal para destilar

vapor de agua más vapor de aceite esencial

aceite esencial

agua

aceite esencial

destilador

vapor

LAS PROPIEDADES DE LOS ACEITES ESENCIALES

Los aceites esenciales presentan propiedades farmacológicas bastante diferentes a causa de la heterogeneidad de su composición química. De todas formas es posible detectar algunas propiedades comunes generales y locales.

Dos son las propiedades, bastante interesantes desde el punto de vista farmacológico: la *fácil volatilidad* y la *liposolubilidad*. Estas características hacen que los aceites esenciales se absorban fácilmente a través de la piel, de las vías respiratorias y de otros canales de administración.

A nivel local, la acción irritante de un cierto número de aceites esenciales encuentra su aplicación en los preparados para uso tópico: pomadas, cremas, líquidos de acción revulsiva, o sea, curativa. La misma acción se aprovecha para uso interno en la elaboración de aperitivos, digestivos y carminativos, que favorece las secreciones.

Algunas esencias aromáticas pueden desarrollar una acción antiséptica, antiinfecciosa, antiparasitaria, antiálgica, revulsiva irritante con finalidad terapéutica en el cutis y las mucosas, y estimulante de las secreciones del tubo

digestivo. Varios aceites esenciales desarrollan una acción farmacodinámica en los órganos y tejidos a través de los cuales se realiza su eliminación. Algunos de ellos, que se eliminan por la vía urinaria, actúan como antisépticos, diuréticos, antiúricos y antilitiasis. Otros, secretados por la vía respiratoria, actúan como balsámicos, antitusígenos y expectorantes.

ACEITES ESENCIALES ANTISÉPTICOS, ANTIBACTERIANOS Y ANTIINFECCIOSOS

Un buen número de aceites esenciales posee propiedades antisépticas y antibacterianas pulmonares y/o intestinales y/o renales.

Se utilizan para la terapia y la profilaxis de las enfermedades infecciosas (gripe, bronquitis, pulmonía, tifus, paratifus, cistitis, uretritis, etc.). Las esencias actúan en los tejidos de los órganos afectados y se eliminan por vía pulmonar, intestinal y renal.

Entran en esta categoría:

- ajedrea de montaña
- ajo
- albahaca
- alcanfor
- canela de Ceilán
- cayeput
- clavel de Zanzíbar
- enebro
- espliego
- estragón
- eucalipto
- geranio
- hisopo
- limón
- menta piperita
- niauli
- nuez moscada
- orégano común
- pino silvestre
- romero
- salvia
- sándalo
- tomillo
- ylang-ylang

ACEITES ESENCIALES ANALGÉSICOS

Son muy eficaces como antidoloríficos y analgésicos a nivel general (antiespásticos, antineurálgicos, antiartríticos, antiúricos, antirreumáticos, etc.) como local: contusiones, esguinces, dolores de cabeza, cólicos, dismenorrea, etc.

Entran en esta categoría:

- albahaca
- anís verde
- canela de Ceilán
- ciprés
- clavel de Zanzíbar
- comino de prado
- estragón
- enebro
- espliego
- eucalipto
- geranio
- hisopo
- limón
- manzanilla común
- manzanilla romana
- mejorana
- melisa
- menta piperita
- niauli
- orégano común
- pino silvestre
- romero
- salvia
- tomillo

ACEITES ESENCIALES ESTIMULANTES, TÓNICOS Y ANTIDEPRESIVOS

Actúan en el sistema nervioso y neurovegetativo y se revelan útiles en casos de ansiedad, pánico, tensión y debilidad nerviosa, depresión, apatía, *shock*, estrés, excitabilidad, irritabilidad e insomnio.

Entran en esta categoría:

- ajo
- albahaca
- alcanfor
- canela de Ceilán
- cidronela
- ciprés
- clavel de Zanzíbar
- comino
- enebro
- espliego
- estragón
- geranio
- jazmín
- limón
- manzanilla común
- manzanilla romana
- mejorana
- melisa
- menta piperita
- naranja amarga
- orégano común
- pachulí
- pino silvestre
- romero
- rosa
- salvia
- sándalo
- tomillo
- ylang-ylang

ACEITES ESENCIALES PARA ATROPISMO GASTROENTÉRICO, HEPATOBILIAR Y RENAL

Actúan como estimulantes, carminativos, colagogos, coleréticos, depurativos, diuréticos, laxantes; son útiles en caso de gastritis, colitis, enteritis, diarreas, estreñimiento, náuseas, vómitos, mareos, indigestión, úlceras, parásitos intestinales, intoxicación alimentaria.

Entran en esta categoría:

- ajedrea de montaña
- ajo
- alcanfor
- anís verde
- canela de Ceilán
- cayeput
- cidronela
- cilantro
- clavel de Zanzíbar
- hinojo dulce
- hisopo
- limón
- manzanilla romana
- mejorana
- melisa
- menta piperita
- naranja amarga
- nuez moscada
- orégano común
- romero
- rosa
- salvia
- sándalo

ACEITES ESENCIALES PARA ATROPISMO CARDIOCIRCULATORIO Y LINFÁTICO

Intervienen en la circulación sanguínea y en la linfática y se revelan útiles en caso de padecer de anemia, hipertensión, eretismo cardiovascular, angina de pecho, taquicardias, estasis venosa y linfática, edemas, hemorroides, sabañones, varices, hipotensión.

Entran en esta categoría:

- ajo
- alcanfor
- anís verde
- ciprés
- comino de prado
- enebro
- limón
- mejorana
- melisa
- naranja amarga
- orégano común
- romero
- salvia

ACEITES PARA ATROPISMO BRONCOPULMONAR Y RESPIRATORIO

Son analgésicos, antipiréticos, balsámicos y expectorantes; actúan en la profilaxis de las enfermedades infecciosas respiratorias y en la cura de las afecciones de las vías respiratorias altas, bronquiales, pulmonares y broncopulmonares, del enfisema y de la tos.

Entran en esta categoría:

- ajedrea de montaña
- ajo
- albahaca
- cayeput
- ciprés
- espliego
- eucalipto
- hisopo
- limón
- manzanilla común
- manzanilla romana
- mejorana
- melisa
- menta piperita
- niauli
- orégano común
- pino silvestre
- romero
- salvia
- sándalo
- tomillo

HISTORIA Y LEYENDA POPULAR

La aromaterapia es una técnica muy antigua. Ya dos mil años antes de Cristo, las esencias perfumadas se extraían de las plantas exprimiéndolas. Los egipcios utilizaban las esencias aromáticas como cosméticos y en el embalsamamiento. Hacia el año 1000, el médico y filósofo árabe Avicena inventó la destilación de los aceites esenciales con alambiques y fue rápidamente seguida por alquimistas, astrólogos, médicos y curanderos populares. En aquella época se pensaba que el perfume de las esencias estaba dotado de poderes mágicos y benéficos que lograban alejar los espíritus malignos. Pequeñas botellas de esencias aromáticas se llevaban como talismanes contra el mal de ojo y las desgracias.

CÓMO UTILIZAR LOS ACEITES ESENCIALES

ACEITE ESENCIAL PURO Y DILUIDO

El aceite esencial de buena calidad se puede comprar en cualquier farmacia.

Es importante mirar en la etiqueta si el aceite esencial es puro o diluido con alcohol o con aceite vegetal. Si en la receta se indica la posibilidad de uso externo, significa que el aceite ha estado sometido previamente a dilución.

El aceite puro no se puede aplicar directamente encima de la piel, ni en caso de urgencias como picaduras de insectos; se aconseja en estos casos aplicar otros métodos antisépticos menos irritantes. El aceite para uso

EL NACIMIENTO DE LA MODERNA AROMATERAPIA

Fue el químico francés René Gattefosse el casual descubridor, y luego excelente precursor, de la validez de los aceites esenciales naturales. Este importante descubrimiento se produjo cuando la química, entre el final del siglo XIX y el comienzo del XX, producía a un coste inferior unas copias químicas de los aceites esenciales naturales. Estos productos de síntesis tenían cierta eficacia aparente, y sobre todo un precio competitivo, pero no lograban las mismas propiedades medicamentosas. Un día, mientras trabajaba en su laboratorio, Gattefosse se quemó una mano y, como tenía una cubeta con esencia natural de espliego, introdujo instintivamente allí la mano quemada. Al día siguiente, increíblemente, la lesión se había curado sin dejar después ninguna cicatriz. La superioridad cualitativa y terapéutica de los aceites naturales en relación con los artificiales de síntesis no sólo se documentaba claramente sino que se experimentaba personalmente justamente por un químico. Desde entonces René Gattefosse se dedicó a la investigación, y llegó al descubrimiento de otros aceites esenciales. Durante la primera guerra mundial, curando las heridas de los soldados, se dio cuenta de que los aceites aceleraban mucho la curación: penetraban en pocas horas a través de la piel en el organismo, y accedían a los diferentes órganos mediante los líquidos extracelulares, la linfa y la sangre. A Gattefosse se debe también el primer tratado moderno acerca de la aromaterapia, basado en una serie de pruebas clínicas objetivas. Excelentes seguidores de la aromaterapia fueron el médico Jean Valnet y la bioquímica Marguerite Maury, franceses. El primero curó con los aceites esenciales naturales la tuberculosis, la diabetes, el cáncer y otras graves enfermedades. La segunda desarrolló tratamientos de belleza y técnicas de masaje utilizando la aromaterapia.

interno —que se tiene que tomar con conocimiento y nunca de manera superficial— se tiene que diluir en agua y miel, en una taza de té o en otra bebida escogida.

Para lograr una eficaz sinergia terapéutica, se pueden utilizar al mismo tiempo varios aceites esenciales dotados de propiedades afines cuya acción se potencia recíprocamente. La posología indicada normalmente se refiere al número total de gotas que hay que utilizar, ya se refiera a una o a más esencias aromáticas. Los aceites esenciales se tienen que conservar en botellas de cristal oscuro, bien cerradas, guardadas en un lugar fresco que no sea la nevera, y siempre lejos del alcance de los niños.

LA UTILIZACIÓN EXTERNA: TÉCNICAS E INDICACIONES

BAÑOS AROMÁTICOS

Es la técnica más sencilla y rápida, y puede ser utilizada diariamente. Se cierran puertas y ventanas para permitir que el ambiente

> «Para mantenerse sanos hay que tomar cada día un baño aromático y someterse a un masaje perfumado».
>
> HIPÓCRATES (460-370 a. de C.), médico griego

LOS BAÑOS AROMÁTICOS EN LA ANTIGÜEDAD

La práctica de los baños aromáticos era muy conocida por los egipcios. Los ricos solían tomar los baños diariamente y en serie, o sea, el primero frío, el segundo tibio y el tercero caliente, y todos abundaban en esencias, hierbas y flores perfumadas. Los babilonios solían deshacer las sustancias medicamentosas en el agua de la bañera, o las hacían hervir para utilizarlas luego en compresas aplicadas encima de la parte enferma.

Los griegos utilizaban aceites aromáticos diferentes, cada uno destinado a una determinada parte del cuerpo.

El arte del baño se perfeccionó aún más con los romanos, que transformaron los edificios destinados a los baños públicos (termas) en institución pública, introduciendo técnicas innovadoras que se difundieron posteriormente en todo el mundo civilizado.

---

permanezca tibio y perfumado, y se lleva el agua al grado de calor deseado. Se echan en un puñado de sal marina de 15 a 30 gotas de aceite, se deposita en la bañera (llena a los 2/3) y se mezcla durante algunos segundos. Justo después se toma el baño durante 15 o 20 minutos relajándose completamente. Durante la inmersión se aconseja inspirar y espirar profundamente y, si uno lo desea, se puede practicar un masaje de las extremidades, de las manos y de los pies. Mientras tanto, el aceite esencial habrá penetrado en el cutis, llegando a los vasos sanguíneos de la dermis para pasar luego a los órganos internos. Al mismo

tiempo, las moléculas volátiles del aceite habrán llegado a la mucosa respiratoria y podrán así fluir directamente en los tejidos orgánicos a través de los vasos sanguíneos y linfáticos.

INDICACIONES TERAPÉUTICAS

El tratamiento del baño aromático, que tiene siempre un efecto altamente beneficioso, está indicado para las siguientes molestias y en particular con las esencias indicadas a continuación:

- acné (alcanfor, cidronela, espliego, geranio, manzanilla común y romana);
- ansiedad, temor (manzanilla común);
- astenia intelectual y sexual (mejorana);
- bronquitis crónica (eucalipto, menta piperita);
- cansancio de origen

nervioso (salvia);
- capilares frágiles (limón, manzanilla común);
- contusiones, equimosis (hinojo dulce, orégano común);
- digestión difícil (albahaca, cilantro, melisa);
- dolores articulares, musculares y óseos (espliego, manzanilla común, melisa, menta piperita, orégano común);
- dolores gastrointestinales (canela de Ceilán, comino de prado, hisopo);
- heridas, llagas (espliego, eucalipto, manzanilla común);
- ira, crisis histéricas (melisa);
- melancolía, depresión (espliego);
- meteorismo (comino de prado, hisopo, manzanilla);
- molestias hepatobiliares (limón, manzanilla común, salvia);
- osteoartrosis (manzanilla común, naranjo amargo);
- osteoporosis (espliego, manzanilla común, mejorana);
- seborrea (geranio, limón);
- ustiones, quemaduras (manzanilla común, salvia).

BAÑOS DE PIES Y DE MANOS

Estos tratamientos relajantes tienen que ser practicados por la mañana y por la noche antes de acostarse.

Después de sentarse cómodamente, se sumergen las manos o los pies en una cubeta de agua caliente en la que se habrán vertido diez gotas de la esencia escogida para curar la molestia. La inmersión tiene que durar unos 15 o 20 minutos añadiendo, si fuese necesario, agua muy caliente. Luego se envuelven las manos o los pies en una toalla seca durante 10 o 15 minutos. Finalmente, en el caso de un baño de pies, se masajean los pies y las piernas de abajo hacia arriba con aceites de limón y de salvia (problemas circulatorios) o de manzanilla, naranjo amargo, jazmín y melisa (insomnio, estrés, nerviosismo).

INDICACIONES TERAPÉUTICAS

Estos tratamientos están indicados en las siguientes molestias y en especial con las esencias indicadas a continuación:

- afonía, ronquera (orégano común, romero);
- artritis, artrosis (ajo, albahaca, enebro, limón);
- cansancio (clavel de Zanzíbar, limón, menta piperita, romero, tomillo);
- circulación difícil (anís verde, espliego, pino silvestre, romero, tomillo);
- dermatitis, dermatosis (manzanilla romana, pino silvestre);
- estasis circulatoria, venas varicosas (caléndula, ciprés, estragón, limón, salvia);
- extremidades doloridas y sensibles (canela de Ceilán, cilantro, limón, manzanilla romana);
- insomnio, estrés (enebro, manzanilla común y romana, naranjo amargo, rosa);
- menopausia (albahaca, ciprés, comino de prado, naranjo amargo, tomillo);
- nerviosismo (espliego, jazmín, melisa);
- reumatismo crónico (ciprés, enebro, eucalipto, limón);
- sudoración de los pies (ciprés, cidronela, enebro, pino silvestre);
- tensión nerviosa, sobrecarga intelectual (caléndula, naranjo amargo).

INHALACIONES O VAHOS

La finalidad de esta técnica es la de introducir en las vías respiratorias los vapores de sustancias medicamentosas volátiles.

Las inhalaciones de vapor están indicadas para el resfriado, las bronquitis y las congestiones catarrales del tórax y de los senos frontales. Es suficiente tener una cubeta, llenarla hasta la mitad de agua hirviendo y verter las gotas (aproximadamente 10 gotas en total) de la esencia o de las esencias aromáticas

indicadas para la molestia determinada. Se cubre la cabeza con una toalla e, inspirando profundamente por la nariz, se inhala el vapor durante 5 o 10 minutos. El tratamiento se tiene que repetir cada dos horas o al menos tres o cuatro veces al día.

INDICACIONES TERAPÉUTICAS

Este tratamiento está indicado para las siguientes molestias y en especial con las esencias indicadas a continuación:

- afecciones de resfriado (canela de Ceilán, eucalipto, hisopo, pino silvestre);
- amigdalitis (geranio, limón, pino silvestre);
- catarro (pino silvestre, tomillo);
- enfisema (eucalipto, hisopo, limón, salvia);
- gripe (canela de Ceilán, jazmín, pino silvestre);
- laringitis (espliego, eucalipto);
- resfriado (alcanfor, canela de Ceilán, eucalipto, hisopo, limón, pino silvestre);
- rinosinusitis (eucalipto, mejorana, menta piperita, pino silvestre);
- ronquera, afonía (pino silvestre);
- sinusitis (canela de Ceilán, eucalipto, hisopo, limón, menta piperita, pino silvestre);
- tos (albahaca, ciprés, espliego, romero, tomillo).

GÁRGARAS Y ENJUAGUES

La gárgara es una solución preparada para medicar la boca y la faringe, generalmente constituida por un excipiente líquido en el cual se ha disuelto o suspendido una sustancia o una mezcla de sustancias medicamentosas a las cuales se añade normalmente un correctivo. La gárgara aromaterápica se prepara vertiendo tres gotas de aceite esencial puro en un vaso de agua caliente o tibia (que equivale a 200 ml).

La preparación se toma a sorbos sin tragar y se hace gorgotear en la boca y en la faringe, con la cabeza hacia atrás y mirando hacia arriba durante unos 40 o 60 segundos, continuando así hasta el agotamiento del líquido. Se procede a la expulsión del líquido con un enjuague.

INDICACIONES TERAPÉUTICAS

Este tratamiento está indicado para las siguientes molestias y en particular con las esencias indicadas a continuación:

- absceso dental (cidronela, espliego, limón, pino silvestre, salvia);
- afonía, ronquera (ciprés, jazmín, limón, tomillo);
- amigdalitis (espliego, limón, salvia);
- angina (eucalipto, limón, rosa, salvia);

- caries dental (alcanfor, clavel de Zanzíbar, espliego, limón);
- dolor de dientes (alcanfor, clavel de Zanzíbar, menta piperita);
- dolor de garganta (eucalipto, geranio, hisopo, limón, pino silvestre);
- encías inflamadas o ensangrentadas (albahaca, limón, menta piperita, salvia);
- estomatitis (eucalipto, romero, rosa, salvia, tomillo);
- estomatitis aftosa (espliego, limón, salvia);
- faringitis (eucalipto, espliego, hisopo, mejorana, menta piperita, pino silvestre, salvia);
- gingivitis (canela de Ceilán, limón, menta piperita, salvia);
- glositis (limón, rosa, salvia, tomillo);
- halitosis (espliego, eucalipto, menta piperita, nuez moscada, romero, salvia, tomillo);
- laringitis (ciprés, espliego, eucalipto, menta piperita, pino silvestre, rosa, salvia, tomillo);
- piorrea alveolar (geranio, menta piperita).

COMPRESAS CALIENTES

El método de las compresas calientes y húmedas, normalmente utilizado en hidroterapia, es también

muy adecuado a la praxis aromaterápica. Para aplicarlo de manera correcta, es necesario ante todo valorar las dimensiones de la zona para curar. Por ejemplo, las zonas de la espalda, del pecho, de la pelvis y las relacionadas con los dolores musculares son bastante amplias, mientras que la extensión es inferior para las neuralgias localizadas y se reduce más en el caso de contusiones, torceduras, eccemas, sabañones, forunculosis, heridas y abscesos. Además se debe escoger muy cuidadosamente la esencia o las esencias aromáticas que se van a utilizar, ya que la variedad de las molestias es amplia. La dosis normal indicada para las compresas con aceites esenciales es de 10 gotas de esencia disueltas en 100 ml de agua. Para cubrir la parte interesada es posible utilizar una sábana vieja, un mantel o también una servilleta dobladas varias veces. No es conveniente utilizar vendas o gasas médicas para superficies limitadas ni algodón hidrófilo o estéril, ya que es mucho más absorbente que la tela y exige una mayor cantidad de líquido y de aceite esencial; a menudo, para obtener el efecto deseado, son suficientes sólo algunas gotas de esencia.

He aquí cómo proceder.

Se vierten diez gotas de aceite esencial en una taza con 100 ml de agua caliente, equivalentes al contenido de un vaso de vino. Se sumerge la tela en esta mezcla y se exprime hasta dejarla húmeda sin que gotee. Luego se aplica la compresa en la zona afectada y se procura que no se mueva y que esté tapada, por ejemplo, con un plástico. Conviene cubrir la compresa con una toalla caliente, haciendo que la temperatura sea constante por lo menos durante dos horas, tiempo de duración de la aplicación, que se tiene que hacer por lo menos una vez al día.

INDICACIONES TERAPÉUTICAS

Este tratamiento está indicado para las siguientes molestias y en especial con las esencias indicadas a continuación:

- absceso caliente (caléndula, manzanilla común y romana);
- absceso frío (ajo, pino silvestre, romero, salvia);
- acné (alcanfor, cidronela, enebro, espliego, geranio);
- amenorrea (enebro, hinojo dulce, jazmín, manzanilla común y romana, salvia);
- apatía muscular (espliego, limón, manzanilla común y romana, mejorana);
- artritis reumatoide (ajo, eucalipto, manzanilla común y romana, rosa);

- bronquitis (albahaca, eucalipto, hisopo, pino silvestre, sándalo);
- calambres (ciprés, enebro, mejorana, orégano común, sándalo);
- cansancio (albahaca, canela de Ceilán, limón, menta piperita, romero, salvia, tomillo);
- contusiones (alcanfor, hisopo, salvia);
- digestión difícil (melisa, orégano común);
- dismenorrea (albahaca, manzanilla común y romana);
- dolores gastrointestinales (melisa, romero);
- eccema (caléndula, enebro, espliego, geranio);
- forunculosis (caléndula, espliego, limón, tomillo);
- heridas, llagas, úlceras (ajedrea de montaña, ajo, caléndula, tomillo);
- hipotonía muscular (cidronela, espliego, jazmín);
- irritación ocular (espliego, manzanilla común y romana);
- jaqueca, migraña (eucalipto, limón, mejorana, menta piperita, tomillo);
- luxaciones (alcanfor, espliego, eucalipto, romero);
- meteorismo (albahaca, naranjo amargo);
- sabañones (caléndula, limón, manzanilla común y romana, rosa, tomillo);
- seborrea (ciprés, limón);
- ustiones, quemaduras (caléndula, espliego).

MASAJES AROMÁTICOS

Es probablemente el tratamiento más útil en aromaterapia. Si se practica con habilidad, el masaje estimula las funciones de numerosos órganos, desde la piel hasta los nervios, desde los músculos hasta los vasos sanguíneos, facilitando así una rápida eliminación de las sustancias de desecho. Se hace siguiendo movimientos de varios tipos: el roce, que es la técnica más común, tiende a relajar músculos y nervios, mientras que las compresiones, las amasaduras o los masajes en profundidad están dirigidos a la disolución de los depósitos de grasa.

El masaje aromático se basa sobre todo en los movimientos de roce, pero prevé también fricciones o compresiones y algunos movimientos de amasadura.

PREPARACIÓN DEL ACEITE DE SOPORTE

Al no ser ni grasas ni untosas, las esencias aromáticas exigen un soporte capaz de facilitar el paso a través de la piel. Algunos aceites vegetales son especialmente adecuados, ya que poseen una aceptable capacidad de penetración en los tejidos. En primer lugar, el aceite de pepitas de uva, que puede ser utilizado sólo para no más de uno o dos masajes. Cuando el tratamiento se tiene que practicar cada día, o más veces al día, es necesario añadir al aceite de pepitas de uva un 10 % de aceite antioxidante de germen de trigo.

Para tener siempre listo un aceite de soporte para masajes, es suficiente verter en una botella de cristal oscuro 45 ml de aceite de pepitas de uva y 5 ml de aceite de germen de trigo, a los cuales se tendrán que añadir 30 gotas totales de aceite o de aceites esenciales (nunca más de tres esencias: 30 gotas para una sola esencia, 15 gotas para dos y 10 gotas para tres) indicados para la curación de la molestia. Esta mezcla se conserva durante al menos dos meses y se puede utilizar cada vez que sea necesario practicar el masaje. Si el tratamiento se practica sólo ocasionalmente, es posible, como alternativa, sacar del aceite de soporte una cucharada de café, o sea, la necesaria para una sola aplicación masoterápica, añadiendo cinco gotas de cada esencia, hasta un máximo de tres esencias.

INDICACIONES TERAPÉUTICAS

Este tratamiento está indicado en las siguientes molestias y en especial con las esencias indicadas a continuación:

- alopecia, (ciprés, enebro);
- artritis (ajo, albahaca, manzanilla común, romero, salvia);
- astenia muscular (albahaca, alcanfor, enebro, geranio, hisopo);
- cabellos con caspa (limón, romero);
- calambres (albahaca, cidronela, mejorana, orégano);
- celulitis (espliego, enebro, hinojo dulce, romero, salvia);
- circulación linfática lenta (ciprés, espliego, romero, salvia);
- depresión (albahaca, alcanfor, melisa, romero, ylang-ylang);
- dermatitis (enebro, espliego, geranio, manzanilla romana);
- dermatosis (geranio, manzanilla romana, pino silvestre);
- dismenorrea (manzanilla común y romana, mejorana, melisa, rosa, salvia);
- estasis circulatoria (ciprés, enebro);
- menopausia (caléndula, ciprés, manzanilla común y romana, salvia);
- neuralgias reumáticas (ajo, manzanilla común, salvia);
- tensión nerviosa, cansancio intelectual, dificultad de memoria (enebro, mejorana, naranjo amargo, nuez moscada, orégano, salvia, tomillo);
- torceduras, esguinces (caléndula, espliego, hisopo, romero).

POSOLOGÍA DE BASE POR VÍA EXTERNA		
Modalidades de uso	Dosis	Frecuencia
Baños aromáticos	15-30 gotas en el agua del baño	1 vez al día, mañana o noche
Baños de manos y pies	10 gotas en una cubeta de agua	2 veces al día, mañana o noche
Inhalaciones	10 gotas en media cubeta de agua	3-4 veces al día
Gárgaras	3 gotas en 200 ml de agua	3-4 veces al día, si es posible lejos de las comidas
Compresas	10 gotas en 100 ml de agua	2 veces al día
Irrigaciones vaginales	3 gotas en 50 ml de agua	2 veces al día
Masajes o fricciones masoterápicas	5 gotas de cada esencia (máximo 3) en una cucharadita de aceite de soporte	2-3 veces al día

LA UTILIZACIÓN INTERNA: UNA BUENA COSTUMBRE DIARIA

Una buena costumbre para mantenerse sanos es la de tomar, dos o tres veces al día, tres o cuatro gotas de aceites esenciales.

De esta manera se garantiza el normal funcionamiento de los órganos drenantes (pulmones, hígado, intestino y riñones) y el equilibrio metabólico del organismo; al mismo tiempo, se previenen las enfermedades, ya que, como se ha demostrado, los aceites esenciales desarrollan un papel muy importante en la prevención de numerosas molestias, incluso graves.

CÓMO Y CUÁNDO TOMAR LOS ACEITES ESENCIALES

Los aceites esenciales en forma concentrada no tienen un sabor agradable y, por lo tanto, se aconseja diluirlos en agua o en otra bebida (vino tinto, leche, té, infusiones, etc.).

Un método sencillo y práctico es el de disolver en media tacita de agua caliente con miel (por ejemplo de flores de naranjo), tres o cuatro gotas de esencia aromática.

Según las propiedades terapéuticas de los aceites esenciales que se desee utilizar, los momentos del día más indicados para la toma son los siguientes:

- antiácidos, antiflatulentos: por la mañana en ayunas y, si es necesario, después de las comidas;
- antidepresivos, ansiolíticos, sedantes, tranquilizantes: por la noche;
- antisépticos intestinales, astringentes, antipiréticos, antirreumáticos, antiartríticos, cardiotónicos antineurálgicos: hacia las 10-11 h y hacia las 16-19 h;
- antitusígenos, emolientes, antiespásticos, expectorantes: durante el día, según la necesidad;
- eupépticos (estimulantes del apetito): media hora antes de las comidas;
- digestivos, antiácidos gástricos: después de las comidas;
- laxantes fuertes, esencias que regularizan la cardiocirculación, la presión arterial y el ritmo respiratorio: antes de acostarse;
- vermífugos, depurativos de la sangre, diuréticos, ligeros laxantes, emenagogos: por la mañana y por la noche.

LOS ACEITES ESENCIALES MÁS UTILIZADOS EN AROMATERAPIA

AJEDREA DE MONTAÑA

Satureja montana
Familia: **Labiadas**

PLANTA

Herbácea anual mediterránea, con tallo recto muy ramificado, hojas rígidas y numerosas inflorescencias. Crece en zonas húmedas durante inviernos fríos; su perfume es agradable, su sabor agrio y un poco amargo pero aromático. Muy apreciada en la Antigüedad gracias a sus virtudes digestivas y afrodisiacas, hoy día se utiliza en gastronomía por sus cualidades aromáticas y en la elaboración de licores; en medicina popular se utiliza en baños de cuerpo entero y baños de pies relajantes y por sus propiedades de defensa y estimulantes.

ACEITE ESENCIAL

Obtenido por destilación de las sumidades floridas, contiene pineno, timol y terpeno.

PROPIEDADES

Tónicas, estimulantes a nivel intelectual y corticosuprarrenal, excitantes, afrodisiacas, antisépticas, antibióticas, bactericidas, eupépticas, antieméticas, estomacales, digestivas, carminativas, astringentes, antidiarreicas, vermífugas, balsámicas, expectorantes, cicatrizantes.

INDICACIONES PARA USO EXTERNO

Astenia intelectual y sexual, neurastenia, atonía gástrica, dispepsia, fermentación intestinal, meteorismo, llagas sépticas, picaduras de insectos, espasmos de la garganta causados por inflamaciones, anginas y úlceras de la cavidad bucal, sordera, caída del pelo.

MODALIDADES DE USO

Baños aromáticos, de pies, compresas, masajes, fricciones, instilaciones, enjuagues, gárgaras.

INDICACIONES PARA USO INTERNO

Astenia intelectual y sexual, neurastenia, asma, bronquitis, digestiones difíciles, meteorismo, flatulencia, parasitosis intestinal, infecciones de estafilococos y hongos, libido escasa, impotencia, frigidez, anorgasmia.

AJO

Allium sativum

Familia: **Liliáceas**

PLANTA

Herbácea perenne dotada de propiedades antisépticas, curativas y energéticas.

ACEITE ESENCIAL

Se obtiene de la destilación de los bulbos frescos y desarrolla una acción vasodilatadora.

PROPIEDADES

Antisépticas, antibacterianas intestinales, respiratorias y urinarias, diuréticas, anticalculosas, vermífugas, tónicas estimulantes, estomáquicas, digestivas, vasodilatadoras, hipotensivas, antiescleróticas, antálgicas, antiespásticas.

INDICACIONES PARA USO EXTERNO

Absceso frío, artritis, artrosis, callos, duricias, verrugas, llagas, disfunciones circulatorias, sarna.

MODALIDADES DE USO

Compresas.

INDICACIONES PARA USO INTERNO

Infecciones bacterianas del intestino, de las vías respiratorias y urinarias, artritis, reumatismo, gota, arterioesclerosis, ateromatosis, asma, enfisema, disminución de la tonicidad muscular, debilidad, depresión, insomnio, irritabilidad, nerviosismo, hipercoagulabilidad sanguínea, hipertensión arterial, litiasis urinaria, pequeña insuficiencia hepática (dispepsia con estipsis, diarrea, flatulencia, meteorismo, dolores abdominales), parasitosis intestinal, estasis venosa con edemas, sabañones, congestión con hemorroides, varices, tos, tos ferina.

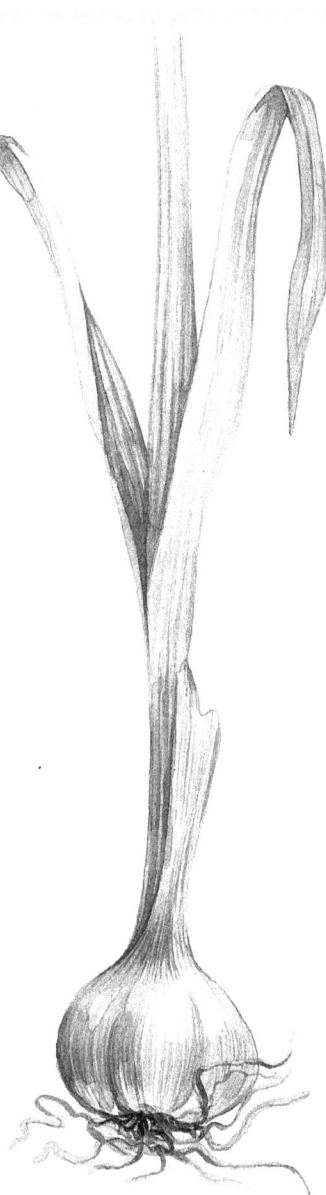

ALBAHACA

Ocimum basilicum
Familia: *Labiadas*

PLANTA

Herbácea anual de origen asiático, muy apreciada en la corte china por su perfume, y hoy día común en España. Sus hojas, muy perfumadas, se utilizan como condimento y para la elaboración de salsas.

ACEITE ESENCIAL

Se obtiene a través de destilación de las hojas y de las sumidades floridas, con mejor rendimiento en las plantas cultivadas en regiones muy soleadas.

PROPIEDADES

Antisépticas y antiinfecciosas, especialmente a nivel intestinal, reguladoras de la digestión, estimulantes (atención, concentración, memoria, tono intelectual y equilibrio nervioso) y energéticas a nivel psíquico, antiespásticas musculares, purificantes y tonificantes del cutis, sobre todo a nivel folicular.

INDICACIONES PARA USO EXTERNO

Estados de ansiedad, depresión, incertidumbre e inquietud con somatización histérica, crisis nerviosas y disminución del tono intelectual; neuralgias, espasmos musculares, gota, dolores artríticos, abdominales y pélvicos, dispepsia, inflamaciones bucales, grietas, estomatitis, inflamaciones de la garganta, rinitis, piel ajada y agrietada.

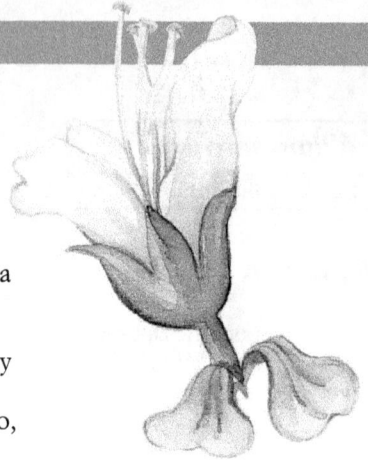

MODALIDADES DE USO

Baños, masajes, gárgaras, enjuagues, inhalaciones.

INDICACIONES PARA USO INTERNO

Amenorrea, dismenorrea, asma, bronquitis, catarro, enfisema, inflamaciones bucales, grietas, estomatitis, inflamaciones de la garganta, resfriado, indigestión, mareo, vómito, dolores artríticos o reumáticos, cólicos hepatobiliares, estados de ansiedad, angustia, pánico, histeria, abatimiento.

ALCANFOR

Cinnamomum camphora
Famiglia: **Lauráceas**

PLANTA

El árbol del alcanfor, o alcanforero, crece espontáneo o cultivado en Borneo, Sumatra, Japón, China, Sri Lanka y California. Tiene hojas perennes y flores pequeñas similares a las del laurel. Además de la extracción del *alcanfor,* la madera de la planta se utiliza en la fabricación de muebles y embarcaciones. Cuando es joven, el árbol ofrece sólo un líquido amarillo claro, el llamado *alcanfor líquido*.

ACEITE ESENCIAL

El aceite de alcanfor se extrae por destilación mediante vapor de la madera del árbol. Aplicado externamente con finalidad curativa, actúa dirigiendo la sangre hacia la superficie de la epidermis; se utiliza como linimento, suspendido en aceite, solo o mezclado con romero o tilo.

PROPIEDADES

Antisépticas, antiparasitarias, estimulantes del sistema endocrino corticorrenal (indispensable para la coordinación corporal, junto con el nervioso), tónicas generales, depurativas, diuréticas, carminativas, laxantes, cosméticas.

INDICACIONES PARA USO EXTERNO

Estados de ansiedad y depresión, molestias de origen nervioso, *shock*, insomnio, debilidad general, acné, piel grasa, contusiones, heridas superficiales, úlceras, quemaduras, picazón, dolores reumáticos, dislocaciones, angina, amigdalitis, mialgias.

MODALIDADES DE USO

Baños aromáticos, compresas, masajes, inhalaciones.

INDICACIONES PARA USO INTERNO

Sepsis, enfermedades infecciosas, flatulencia, meteorismo, estipsis, gastroenteritis, retención hídrica, oliguria (escasez de orina), estados de ansiedad y depresión, molestias de origen nervioso, *shock*, insomnio, debilidad general, angina, dolores reumáticos, dolor de garganta, amigdalitis.

ANÍS VERDE

Pimpinella anisum
Familia: **Umbelíferas**

PLANTA

Herbácea anual conocida ya en la Antigüedad como planta medicinal; de origen oriental, se difundió rápidamente en las regiones mediterráneas, donde raras veces se encuentra en su estado espontáneo.

Sus frutos diaquenios, impropiamente llamados *semillas*, se utilizan como carminativos (favorecen la expulsión de los gases intestinales) en partes iguales con las semillas de comino, cilantro e hinojo (las cuatro «semillas calientes»).

ACEITE ESENCIAL

Se obtiene por destilación de los frutos y está caracterizado por un perfume dulce de especias, similar al de regaliz.

PROPIEDADES

Antiespásticas, sedantes, estimulantes del apetito y de las secreciones salivales, biliares y lácteas, carminativas, diuréticas; probablemente incluso afrodisíacas.

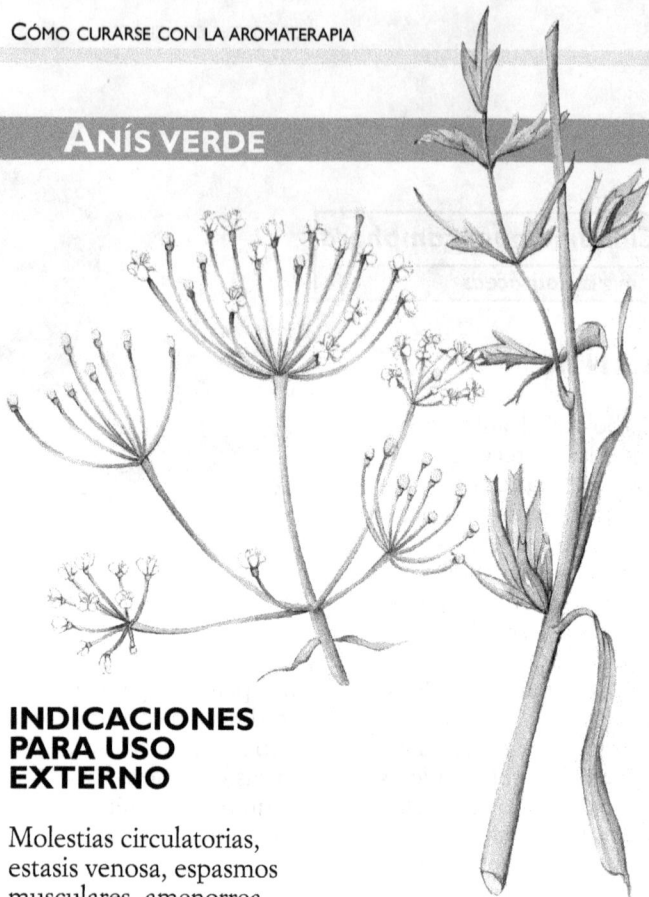

INDICACIONES PARA USO EXTERNO

Molestias circulatorias, estasis venosa, espasmos musculares, amenorrea, impotencia, frigidez, aerocolia, aerofagia; se usa en los dentífricos.

MODALIDADES DE USO

Baños aromáticos, baños de pies, compresas.

INDICACIONES PARA USO INTERNO

Nerviosismo, hiperexcitabilidad, dispepsia nerviosa, gastralgia, aerofagia, aerocolia, meteorismo, eretismo cardiovascular, taquicardia, palpitaciones, asma, amenorrea, dismenorrea, escasa subida de la leche, oliguria; impotencia y frigidez.

NOTA

La ingestión en dosis excesivas puede causar una sensación de embriaguez, ya que en este caso el aceite tiene los mismos efectos que una droga: ralentiza la circulación sanguínea y causa paresis muscular, congestión cerebral y molestias crónicas de abuso de sustancias.

CAYEPUT

Melaleuca leucadendron
Familia: **Mirtáceas**

PLANTA

Llamada por los indígenas *kayuputih*, o árbol blanco, la cayeput crece espontánea en Filipinas, Malasia, islas Molucas y Célebes, mientras que se cultiva en Australia y en la India. Los brotes son muy aromáticos y de fuerte olor.

ACEITE ESENCIAL

Se obtiene por destilación mediante vapor de las hojas y de los brotes y contiene cineol, terpinol, aldehídos y pinenos. Esta esencia entra en la composición de muchos preparados farmacéuticos. Su prescripción, especialmente para uso interno, es de competencia médica.

PROPIEDADES

Antidoloríficas, antiespásticas, vermífugas, cosméticas, antineurálgicas, antisépticas en los aparatos respiratorio, digestivo, urinario y genital femenino, antiparasitarias.

INDICACIONES PARA USO EXTERNO

Afonía, ronquera, laringitis crónica, llagas, acné, psoriasis y otras dermatosis, reumatismos, neuralgias dentales, dolores auriculares, rinitis.

MODALIDADES DE USO

Baños , compresas, masajes, enjuagues, inhalaciones, instilaciones nasales.

INDICACIONES PARA USO INTERNO

Afecciones crónicas respiratorias (asma, bronquitis, laringitis, faringitis, tuberculosis), intestinales (espasmos gástricos, enteritis, diarrea), urinarias (cistitis, uretritis); parasitosis intestinal, dolores menstruales, reumáticos y gotosos, estados histéricos, vómito nervioso, estados convulsivantes.

CALÉNDULA

Calendula officinalis
Familia: **Compuestas tubulífloras**

PLANTA

Herbácea perenne del Mediterráneo, con flores amarillo anaranjadas, a menudo cultivada para parterres. El nombre deriva del latín *calendae*, «primer día del mes», ya que esta planta florece cada mes durante el tiempo caluroso. La medicina popular aconseja su uso para la normalización de la menstruación. Entre las numerosas especies de este género, la *Calendula officinalis* resalta por sus virtudes terapéuticas.

ACEITE ESENCIAL

Se obtiene por destilación de las flores frescas y contiene principios activos dotados de propiedades emenagogas, antidismenorreicas y coleréticas; desarrolla también una eficaz acción local en el cuidado de inflamaciones e infecciones, además de en la cicatrización de heridas.

PROPIEDADES

Vasodilatadoras locales (saneamiento de las lesiones cutáneas y aceleración del proceso de granulación de las llagas), regeneradoras del tejido cutáneo, estimulantes de la circulación linfática y sanguínea, reguladoras de las funciones hepatobiliares e intestinales, normalizadoras del ciclo menstrual, antidoloríficas osteoarticulares y musculares, tranquilizantes, sedantes del sistema nervioso.

INDICACIONES PARA USO EXTERNO

Contusiones, dislocaciones, heridas, llagas, inflamaciones, sepsis, dermatitis, sabañones, hemorroides, varices, ansiedad, ataques de pánico, obsesiones, molestias de origen nervioso.

MODALIDADES DE USO

Baños aromáticos, baños de pies y de manos, compresas, masajes, fricciones.

INDICACIONES PARA USO INTERNO

Inflamaciones y enfermedades de la piel, dolores reumáticos, osteoartríticos y musculares, amenorrea, dismenorrea, menopausia, congestiones hepáticas, colecistitis, colangitis, enterocolitis, colelitiasis, ansiedad, molestias de origen nervioso.

CANELA DE CEILÁN

Cinnamomum zeylanicum
Familia: **Lauráceas**

PLANTA

Árbol sempervirente, originario de la India e introducido en las islas del océano Índico y en el suroeste asiático; es cultivado también en América latina. Hoy llega principalmente de la isla de Sri Lanka o Ceilán. Se utilizan también las hojas y la corteza sin corcho y parénquima subyacente. Su aroma es cálido y tónico.

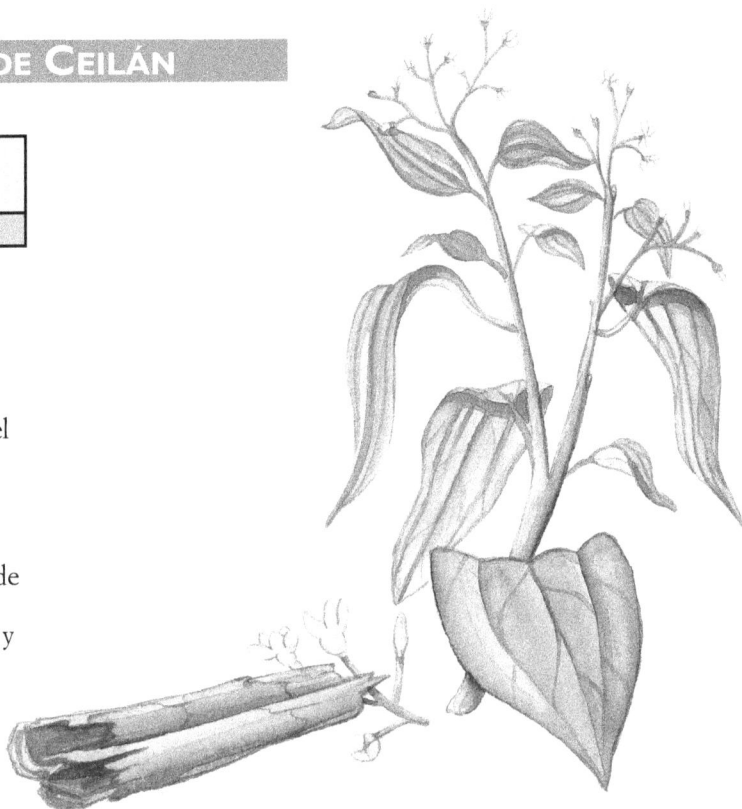

ACEITE ESENCIAL

Se obtiene por destilación mediante vapor de las hojas y de la corteza. El aceite esencial destilado de la corteza es un antiséptico y antibacteriano fuerte; en el uso interno se utiliza muy diluido, ya que es muy irritante. Para uso externo se aconseja la esencia aromática destilada de las hojas, fácilmente asociable a otros aceites. Entre las diferentes sustancias terapéuticas presentes en el aceite esencial, el aldehído cinámico es la más importante (60-80 %).

PROPIEDADES

Antianémicas, antiinfecciosas, carminativas, antiespásticas, emenagogas, vermífugas, estimulantes cardiorrespiratorias.

INDICACIONES PARA USO EXTERNO

Micosis, enfermedades venéreas, dermatitis, resfriado, bronquitis crónica, estasis circulatoria y linfática, dolores gastrointestinales, picaduras de insectos, parasitosis.

MODALIDADES DE USO

Baños aromáticos, baños de pies, inhalaciones, compresas, masajes.

INDICACIONES PARA USO INTERNO

Anemia, astenia después de enfermedades, atonía gástrica, dispepsia, estasis biliar, infecciones intestinales subagudas, cistitis, prostatitis, dismenorrea, metrorragias, estados gripales, dolores causados por fiebre, libido escasa.

CILANTRO

Coriandrum sativum

Familia: **Umbelíferas**

PLANTA

Herbácea anual con flores rosa y frutos redondeados de pocos milímetros de diámetro, que se utilizan en farmacia, elaboración de licores y para aromatizar platos y bebidas. Tiene su origen en el Mediterráneo oriental y se cultiva en diversos países europeos.

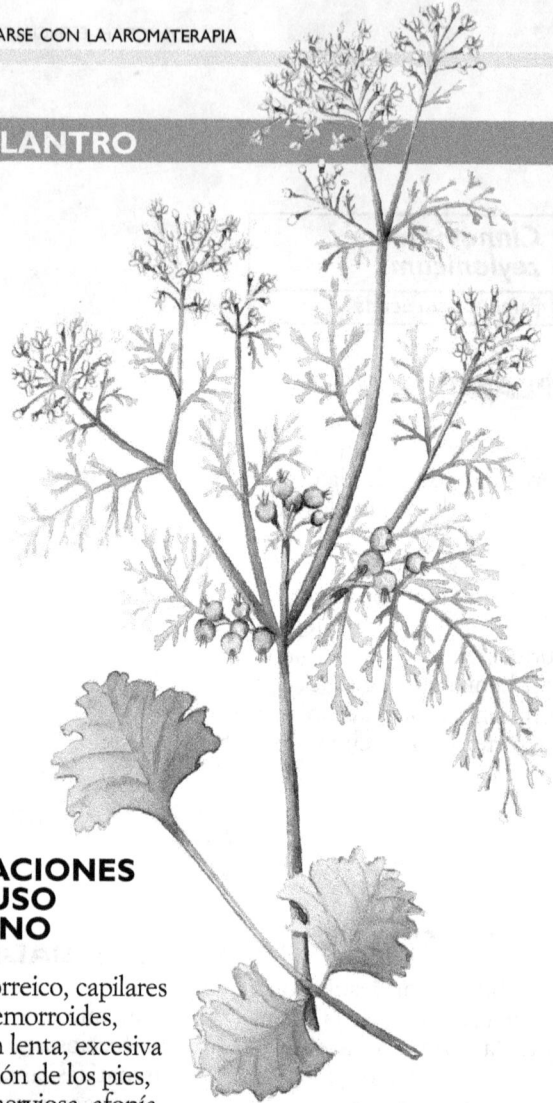

ACEITE ESENCIAL

Se obtiene por destilación sobre todo de sus bayas y contiene una elevada cantidad de tanino al cual se debe su acción constrictora y tonificante de las venas.

PROPIEDADES

Astringentes, vasoconstrictoras, diuréticas, antirreumáticas, antiespásticas, desodorantes, antidiarreicas, antigripales, sudoríferas, hemostáticas, antihemorroidales, relajantes, refrescantes, equilibrantes generales y del sistema nervioso.

INDICACIONES PARA USO EXTERNO

Cutis seborreico, capilares frágiles, hemorroides, circulación lenta, excesiva transpiración de los pies, irritación nerviosa, afonía, catarro, tos espasmódica, tos ferina, diarrea.

MODALIDADES DE USO

Baños aromáticos, masajes, inhalaciones.

INDICACIONES PARA USO INTERNO

Hemorroides, varices, hemorragias, hemoptisis, epistaxis, diarrea, incontinencia urinaria, reumatismos crónicos, laringitis, catarro bronquial, bronquiectasia, enfisema pulmonar, gripe, tos espasmódica, tos ferina, calambres musculares, molestias de los ovarios (menstruación dolorosa y larga, con excesivas pérdidas, metrorragias) y de la menopausia, enuresis nocturna, irritación nerviosa.

CIPRÉS

Cupressus sempervirens
Familia: **Cupresáceas**

PLANTA

De origen oriental, se difundió en las islas del mar Egeo. Es un árbol alto (hasta 50 m), muy común en España. De la planta, utilizada ya desde la Antigüedad (Mesopotamia, Grecia), se emplean las hojas, la corteza y las bayas o frutos, muy ricos en aceite esencial.

ACEITE ESENCIAL

Obtenido por destilación de las bayas, conocidas con el nombre de *nueces de ciprés*, y también de las agujas y de las ramas jóvenes con vapor a baja presión, este aceite posee muchos principios activos que favorecen la característica acción vasoconstrictora y tonificante de las venas.

PROPIEDADES

Astringentes, vasoconstrictoras, diuréticas, antirreumáticas, antiespásticas, antidiarreicas, anticancerígenas, antigripales, sudoríferas, hemostáticas, antihemorroidales, desodorantes, relajantes, refrescantes, equilibradoras generales y del sistema nervioso.

INDICACIONES PARA USO EXTERNO

Acné rosácea, cutis seborreico, poros dilatados, celulitis, circulación lenta, capilares frágiles, varices, hemorroides, calambres, sudoración excesiva, afonía, ronquera, catarro, tos espasmódica, tos ferina, espasmos auriculares, molestias de la menopausia, melancolía, cólera.

MODALIDADES DE USO

Baños aromáticos, masajes, baños de asiento frescos o fríos, baños de pies, gárgaras, inhalaciones, instilaciones.

INDICACIONES PARA USO INTERNO

Hemorroides, varices, hemorragias, hemoptisis, laringitis, diarrea, incontinencia urinaria, reumatismos crónicos, catarro bronquial, bronquiectasia, enfisema pulmonar, gripe, tos espasmódica, tos ferina, asma, calambres musculares, molestias de los ovarios (menstruación dolorosa y larga, con pérdidas excesivas, metrorragias) y de la menopausia, enuresis nocturna, melancolía, cólera.

CIDRONELA

Cymbopogon nardus

Familia: **Gramíneas**

PLANTA

Esta planta, caracterizada por tallo y hojas carnosos, de color verde blanquecino y flores amarillas, se encuentra en la isla de Java, en Malasia, América central, Brasil, África y Europa. Se utiliza sobre todo como condimento en las comidas, pero sus propiedades vermífugas se conocen desde siempre en la medicina tradicional popular. Las semillas se utilizan en la preparación de tilas y tintes para el pelo.

ACEITE ESENCIAL

Obtenido por destilación de todas las partes de la planta, se caracteriza por un perfume similar al del limón y por un color similar al del jerez. En alimentación proporciona un aroma fresco y tónico a bebidas y ensaladas. Rico en citral, posee elevadas propiedades antisépticas; se mezcla eficazmente con los aceites de jazmín, geranio y espliego.

PROPIEDADES

Vermífugas, antiparasitarias, antiespásticas, emenagogas, estimulantes, refrescantes, desinfectantes generales e intestinales, tónicas para músculos y otros tejidos.

INDICACIONES PARA USO EXTERNO

Acné, forúnculos, eccemas, sepsis cutánea, poros dilatados, pelo graso, excesiva transpiración de los pies, hipotonía muscular y cutánea, indigestión, colitis.

MODALIDADES DE USO

Baños aromáticos, de pies, compresas, masajes.

INDICACIONES PARA USO INTERNO

Lombrices intestinales (oxiuros, ascárides, tenia), molestias intestinales de indigestión, gastroenteritis, colitis, diarrea, estipsis.

NOTA

El aceite esencial de cidronela para uso interno se tiene que utilizar con cuidado y después de abundante dilución; en caso de parasitosis intestinales, se aconseja consultar al médico.

CLAVEL DE ZANZÍBAR

Eugenia caryophyllata
Familia: **Mirtáceas**

PLANTA

Árbol originario de Filipinas y de las islas Molucas, se cultiva ahora sobre todo en las islas de Zanzíbar y de Pemba. Los capullos en flor desecados constituyen los famosos *clavos de olor*, muy aromáticos y actualmente entre las especies más utilizadas en gastronomía y en la elaboración de dulces, licores y bebidas. En el pasado, los clavos se consideraban una auténtica panacea y eran la especia más cara. Junto a otras sustancias naturales, entraban también en la elaboración de preparados afrodisiacos (como, por ejemplo, los *diablillos*, comprimidos afrodisiacos napolitanos).

ACEITE ESENCIAL

Se obtiene por destilación mediante vapor de los capullos floridos desecados, que deben contener un mínimo de 150 ml/kg de esencia; el compuesto principal del aceite esencial de clavos de olor es el eugenol (85-93 %), dotado de una elevadísima actividad bactericida.

PROPIEDADES

Antisépticas, eupépticas, estomáquicas, digestivas, carminativas, afrodisiacas, cáusticas, antidoloríficas, antiespásticas, tónicas para la musculatura uterina durante el parto, cicatrizantes, vermífugas.

INDICACIONES PARA USO EXTERNO

Extracciones dentales y otros tratamientos odontológicos, dolor de muelas, inflamaciones bucales, piorrea alveolar, gingivitis, inflamaciones de la córnea, abscesos cutáneos, dermatosis, llagas, llagas infectadas, varices, úlceras de las piernas, rinitis, sinusitis, ronquera.

MODALIDADES DE USO

Enjuagues, gárgaras, compresas, inhalaciones.

INDICACIONES PARA USO INTERNO

Astenia intelectual y física, dificultad de concentración, preparación al parto, dispepsia, aerogastria, aerocolia, diarrea, parasitosis intestinal, molestias en las vías respiratorias, enfermedades infecciosas, disminución de la libido, impotencia, frigidez, anorgasmia (prevención y tratamiento), precancerosis, cancerosis.

COMINO DE PRADO O ALCARAVEA

Carum carvi
Familia: **Umbelíferas**

PLANTA

Herbácea bianual, con hojas alargadas, flores blancas de cinco pétalos y semillas aromáticas bastante similares a las del hinojo y el anís. En el antiguo Egipto, las semillas se utilizaban para facilitar la digestión de comidas particularmente pesadas, mientras que hoy día se utilizan sobre todo para enriquecer y aromatizar primeros y segundos platos, postres y licores, a pesar de que sus propiedades digestivas se sigan explotando. En Francia y en el norte de Europa las semillas de comino se asocian a menudo a la cocción de comidas que pueden resultar indigestas, como la carne grasa de cerdo; en Francia, se utilizan también en la elaboración de algunos tipos de queso.

ACEITE ESENCIAL

Obtenido por destilación mediante vapor de las semillas en polvo, contiene carvol y limonemo, dos esencias antiespásticas y carminativas que facilitan también la secreción gástrica; posee propiedades similares a las de las semillas de anís. Se utiliza para aromatizar dulces y licores y para la elaboración del famoso licor Kümmel.

PROPIEDADES

Estimulantes, antiespásticas, carminativas, vermífugas, eupépticas, estomáquicas, digestivas, refrescantes, emenagogas, galactóforas.

INDICACIONES PARA USO EXTERNO

Dolores reumáticos y gastrointestinales, inapetencia, insomnio, flatulencia, meteorismo.

MODALIDADES DE USO

Baños aromáticos, baños de pies, compresas, masajes.

INDICACIONES PARA USO INTERNO

Inapetencia, anorexia, dispepsia nerviosa, espasmos gástricos, aerofagia, meteorismo, parasitosis intestinal, eretismo cardiovascular, taquicardias, arritmias sinusales, vértigo, menstruaciones dolorosas, insuficiencia láctea.

ENEBRO

Juniperus communis
Familia: **Cupresáceas**

PLANTA

Arbusto o pequeño árbol en forma de mata, con hojas rígidas y de punta y bayas carnosas, negras y de sabor aromático agrio, como indica la palabra *enebro* (del término céltico *juneprus*, «agrio»). Del enebro se utilizan hojas y frutos para licores como la ginebra, perfumes y medicinas diuréticas, depurativas, balsámicas, eupépticas y antirreumáticas.

ACEITE ESENCIAL

Obtenido mediante destilación de los conos fructíferos maduros desecados, el aceite contiene pineno, cadineno, canfeno y otros compuestos derivados; el color es amarillo verdoso, su olor similar al olor de la trementina y el sabor agrio y amargo.

PROPIEDADES

Diuréticas, sudoríficas, balsámicas, estomáquicas, refrescantes, relajantes, desinfectantes de las vías urinarias, estimulantes de las secreciones glandulares, antiinfecciosas y antisépticas de las vías respiratorias, digestivas, antirreumáticas, antidiabéticas, antigotosas, antiparasitarias, emenagogas, sedantes, reguladoras de las funciones neurovegetativas del organismo.

INDICACIONES PARA USO EXTERNO

Casos de paresis y parálisis, lumbagos, dolores reumáticos, dislocaciones, dolor de muelas, gingivitis, inflamaciones bucales, faríngeas y laríngeas, acné, falta de sudoración, dermatitis, dermatosis, llagas, llagas con pus, úlceras crónicas, cicatrización difícil, eccemas húmedos, piel grasa, seborrea del cuero cabelludo, dismenorrea, leucorrea, vaginitis.

MODALIDADES DE USO

Baños aromáticos, masajes, compresas, gárgaras, enjuagues, irrigaciones vaginales.

INDICACIONES PARA USO INTERNO

Debilidad general psicoorgánica, bajón energético, digestión lenta, pérdida de proteínas (albuminuria), insuficiencia corticosuprarrenal, fermentaciones intestinales, halitosis, estasis venosa, piernas hinchadas, hemorroides, retención de líquidos, litiasis urinaria, reumatismos, gota, artritis, diabetes, cirrosis, hipertiroidismo.

ESPLIEGO O LAVANDA

Lavandula officinalis
Familia: *Labiadas*

PLANTA

Arbusto perenne, con tallos erectos de extremidades de flores azul violáceo de las cuales se extrae una esencia muy apreciada y de inconfundible perfume; crece en los campos de la Europa mediterránea, en Italia, en el sur de Francia y en Dalmacia, entre los 700 y los 1.400 m. Se utilizan las flores y el aceite esencial.

ACEITE ESENCIAL

Obtenido por destilación mediante vapor de las flores frescas, tiene color amarillento, olor fragrante, sabor agradable y ligeramente amargo; la esencia es rica en virtudes cosméticas y medicinales, antisépticas, purificantes, sedantes y antiespásticas.

PROPIEDADES

Rubefacientes, vasodilatadoras cutáneas, antineurálgicas, analgésicas, antiespásticas, sedantes de la tos, sedantes del sistema nervioso central, antidepresivas, hipotensivas, emenagogas, colagogas, coleréticas, carminativas, diuréticas, sudoríferas, tónicas cardiacas y del sistema nervioso, antirreumáticas, antisépticas, bactericidas cutáneas, pulmonares, gastrointestinales y urinarias, cicatrizantes, vermífugas.

INDICACIONES PARA USO EXTERNO

Acné alopecia, eccemas crónicos, dermatitis, llagas, fístulas anales, quemaduras, picaduras de insectos, picazón, piel áspera, obesidad, celulitis, retención de líquidos, hipertensión arterial, congestión linfática, ansiedad, ira, indecisión, depresión, leucorrea, picazón vulvar, lipotimias, desmayos.

MODALIDADES DE USO

Baños aromáticos, compresas, masajes, irrigaciones vaginales.

INDICACIONES PARA USO INTERNO

Irritabilidad, ansiedad de anticipación, espasmos, melancolía, neurastenia, histerismo, insomnio, jaqueca, vértigo, paresis o parálisis, fiebre de enfermedad exantemática, fiebre de enteritis tifoidea, tos, tos ferina, asma, gripe, bronquitis, tuberculosis, atonía gástrica, dispepsia atónica, flatulencia, meteorismo, oliguria, cistitis, blenorragia, amenorrea, irregularidad menstrual.

ESTRAGÓN

Artemisia dracunculus

Familia: **Compuestas tubulífloras**

PLANTA

Herbácea perenne originaria del sur de Rusia y posteriormente difundida a India, donde las castas elevadas enseguida la apreciaron por su aroma similar al del anís, añadido a tisanas y comidas. Es un excelente condimento aromático —que, según los entendidos, puede sustituir tranquilamente la sal y pimienta— y se cultiva en diferentes países europeos, donde se aprecia también como hortaliza.

ACEITE ESENCIAL

Se obtiene por destilación de las hojas y de las sumidades floridas que se recogen desde la primavera hasta el comienzo del otoño. Deben tener un contenido de esencia no inferior a 2 mg/kg y un poder aromático equivalente por lo menos a 250 unidades.

PROPIEDADES

Estimulantes, digestivas, eupépticas, estomáquicas, carminativas, ligeramente laxantes, antiespásticas, vermífugas, antisépticas internas, emenagogas, anticancerígenas.

INDICACIONES PARA USO EXTERNO

Anorexia, inapetencia, dispepsia atónica, digestión difícil, flatulencia, meteorismo, estasis circulatoria, dolores reumáticos.

MODALIDADES DE USO

Baños aromáticos, de pies, compresas, masajes.

INDICACIONES PARA USO INTERNO

Anorexia, inapetencia, dispepsia, eructos, hipos, digestión lenta, flatulencia, meteorismo, parasitosis intestinal, dismenorrea, dolores reumáticos, crisis convulsivas, estados de precancerosis y de cancerosis.

EUCALIPTO

Eucalyptus globulus
Familia: **Mirtáceas**

PLANTA

Perteneciente a un género que incluye numerosas especies difundidas en todo el mundo, el eucalipto, conocido también como *árbol de la fiebre*, es una planta de grandes dimensiones, con gran poder terapéutico.

Originario de Australia y de Tasmania, se ha aclimatado perfectamente al medio mediterráneo.

Las gemas floridas se utilizan para infusiones, así como las hojas, que también se usan para inhalaciones.

ACEITE ESENCIAL

Se obtiene por destilación mediante vapor de las hojas y es rico en varios compuestos, entre los cuales predomina el eucaliptol (80-85 %), antiséptico pulmonar; pero también la potencia de los otros compuestos (pineno, canfeno, eucazuleno) otorga a esta esencia un probado poder bactericida.

PROPIEDADES

Antisépticas en general y de las vías respiratorias y urinarias en particular, antipiréticas, balsámicas, fluidificantes, calmantes de la tos en todas sus formas, hipoglucémicas, antidiabéticas, vermífugas, antirreumáticas, estimulantes.

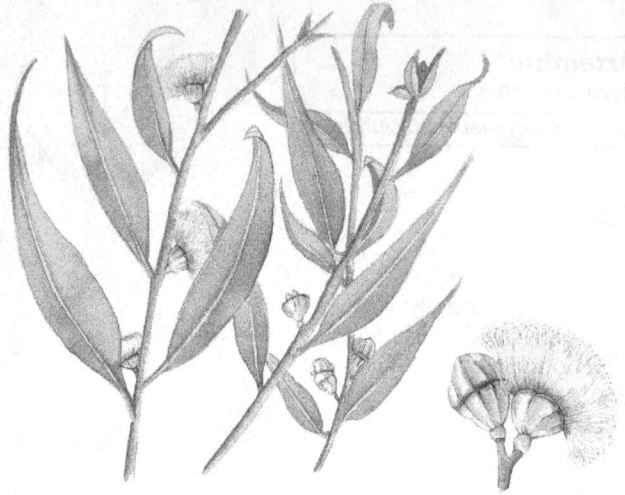

NOTA

Por vía externa (nebulización), las propiedades bactericidas se han probado en un 50-70 %; se aconseja el uso también en la prevención de las enfermedades pulmonares y contagiosas.

INDICACIONES PARA USO EXTERNO

Llagas, quemaduras, bronquitis y otras afecciones respiratorias y sinusales, angina, gripe, dolores reumáticos, artritis reumatoide, neuralgias, obesidad, celulitis con retención de líquidos, fiebre, herpes simple.

MODALIDADES DE USO

Aplicaciones locales, compresas, inhalaciones, gárgaras, baños aromáticos, masajes.

INDICACIONES PARA USO INTERNO

Rinitis, bronquitis aguda y crónica, asma bronquial, gripe, diabetes *mellitus*, infecciones urogenitales (colibacilosis, vaginitis, leucorrea, cistitis, uretritis), parasitosis intestinal, dispepsia, fiebre exantemática, malárica y tifoidea, migrañas, cefalea congestiva, dolores por sinusitis, cansancio y confusión mental.

GERANIO

Pelargonium odoratissimum
Familia: **Geraniáceas**

PLANTA

El género comprende unas treinta variedades herbáceas, anuales o perennes, que viven en todas las regiones templadas, en los montes y en los países tropicales.

El nombre *geranio* deriva del griego *yeranos*, «grulla», quizá por la semejanza de los frutos con el pico de este pájaro. Se utilizan tanto la planta entera en infusión como el aceite esencial obtenido mediante destilación por vapor.

ACEITE ESENCIAL

Se obtiene por destilación de diferentes variedades de geranio, cada una caracterizada por un perfume similar al de otra esencia (rosa, limón, etc.); el aceite esencial, verdoso o incoloro, se utiliza en perfumería sustituyendo a otras esencias y en medicina como antiséptico, propiedad conocida ya por los antiguos médicos, que lo consideraban capaz de curar heridas, soldar fracturas y hasta atacar el cáncer.

PROPIEDADES

Antisépticas, hemostáticas, cicatrizantes, astringentes, cosméticas, relajantes y tonificantes para el sistema nervioso e n los estados de estrés, ansiedad y pánico, diuréticas, antidiabéticas, vermífugas, anticalculosas, antidegenerativas.

INDICACIONES PARA USO EXTERNO

Inflamaciones bucales, faríngeas y laríngeas (gingivitis, estomatitis, glositis, aftas, anginas y amigdalitis), hinchazón y dolor de las mamas, quemaduras, úlceras, sabañones, neuralgias faciales, trigeminales y herpéticas, dolores gástricos, abdominales, dorsales y lumbares, acné, dermatitis, dermatosis.

MODALIDADES DE USO

Baños aromáticos, compresas, masajes, gárgaras, enjuagues.

INDICACIONES PARA USO INTERNO

Debilidad o bajón energético causados por insuficiencia de las glándulas corticosuprarrenales, apatía, depresión, gastritis, gastroenteritis, úlcera gástrica, lombrices intestinales, diarrea, litiasis urinaria, hemorragias uterinas, esterilidad, diabetes, leucorrea, mastopatía benigna, molestias de la menopausia, oliguria, retención de líquidos, edema, sobrepeso.

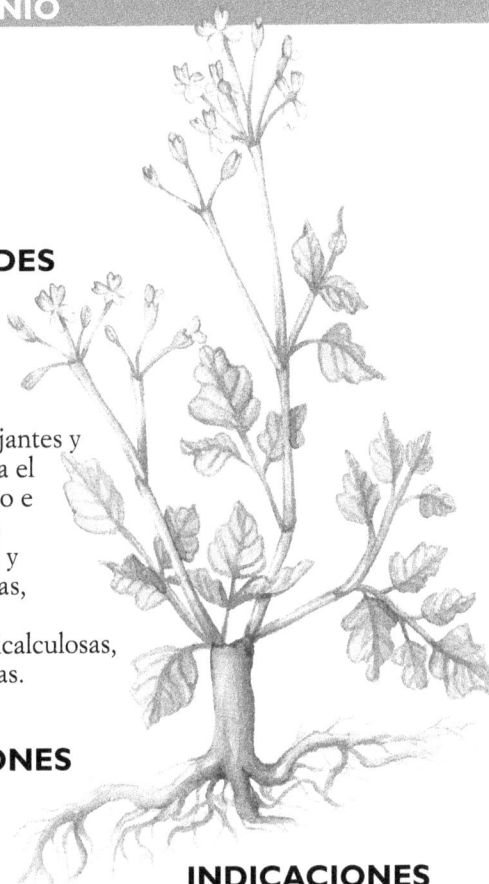

HINOJO DULCE

Foeniculum vulgare var. dulce

Familia: **Umbelíferas**

PLANTA

Herbácea espontánea aromática de la cual se utilizan la raíz, los frutos o semillas, las hojas y la esencia; la planta, cuyas propiedades ya eran conocidas por los antiguos egipcios y durante la Edad Media, se cultiva en todo el Mediterráneo, en Europa central, en Asia y en América.

ACEITE ESENCIAL

Obtenido de la destilación de los frutos secos y en polvo, debe contener entre el 50 y el 60 % de trans-anetol, que es el principio dulce que lo caracteriza; contiene también un compuesto amargo (fenicol), además de numerosos alcoholes, terpenos y aldehídos. Su acción es motora: favorece la salivación, las funciones gástricas y las contracciones intestinales.

PROPIEDADES

Eupépticas, estomáquicas, digestivas, carminativas, ligeramente laxantes, refrescantes, diuréticas, emenagogas, galactóforas.

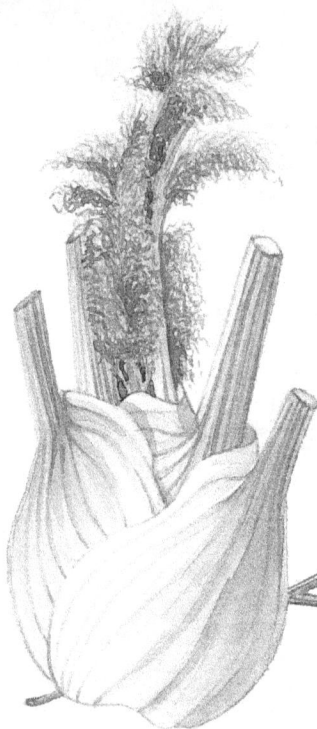

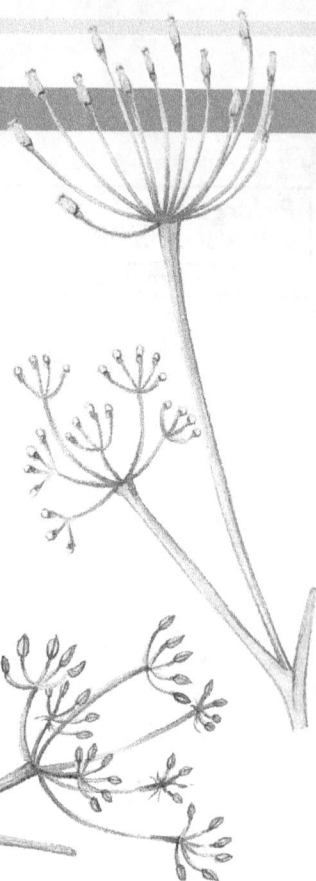

INDICACIONES PARA USO EXTERNO

Abscesos, equimosis, afecciones cutáneas, obstrucciones de las mamas, anemia, atonía gástrica, aerofagia, catarro, sinusitis.

MODALIDADES DE USO

Aplicaciones locales, baños, masajes, inhalaciones.

INDICACIONES PARA USO INTERNO

Atonía gástrica e intestinal, digestión difícil, gases intestinales, halitosis, meteorismo, menstruación irregular y dolorosa, secreción láctea ausente o insuficiente, asma, tos, catarro, afecciones pulmonares, cistitis, uretritis, incontinencia urinaria, litiasis urinaria, oliguria, gota, vómito nervioso, parasitosis intestinal.

HISOPO

Hyssopus officinalis
Familia: *Labiadas*

PLANTA

Herbácea olorosa, con hojas estrechas y flores azul claro o rosa, fue exaltada en la Biblia por sus virtudes purificadoras. Crece espontánea en tierras arenosas y soleadas, pero se puede también cultivar. Las extremidades con flores se utilizan en farmacia para la preparación de infusiones y jarabes con propiedades eupépticas, expectorantes y carminativas; su utilización está contraindicada durante el embarazo y en quienes paceden convulsiones. Esta planta encuentra también su aplicación en cosmética, en cocina y en licorería.

ACEITE ESENCIAL

Es obtenido por destilación en corriente de vapor de las flores y de las hojas desecadas; soluble en alcohol y éter, se utiliza en la elaboración de extractos aromatizantes.

PROPIEDADES

Tónicas, estimulantes, antialérgicas a nivel respiratorio y cutáneo, descongestionantes de las vías respiratorias, eupépticas, digestivas, carminativas, diuréticas, anticalculosas, sudoríferas, hipotensivas, astringentes, antisépticas, antiespásticas, depurativas de la sangre, antidegenerativas y antineoplásicas (prevención).

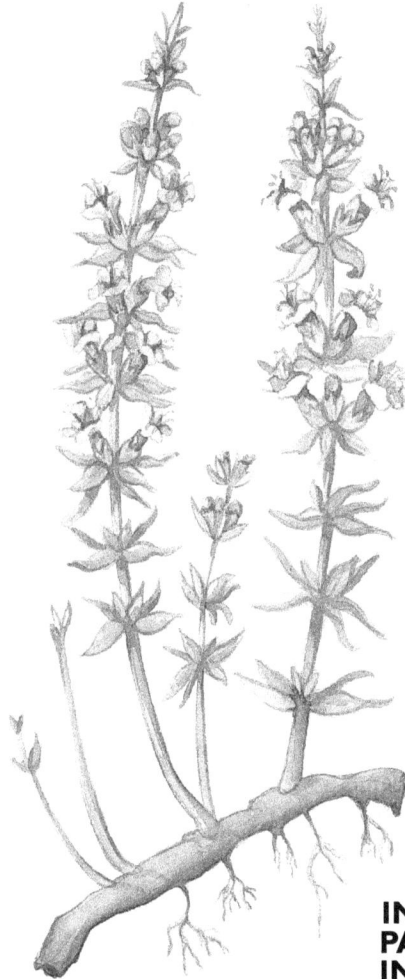

INDICACIONES PARA USO EXTERNO

Asma, rinitis alérgica, bronquitis, enfisema, contusiones, heridas, eccemas, urticaria, piel seca, heridas con pus, cicatrización difícil, dermatitis, dermatosis, afecciones bucales, laríngeas y faríngeas, dolores gastrointestinales.

MODALIDADES DE USO

Baños aromáticos, gárgaras, enjuagues, inhalaciones, compresas, masajes.

INDICACIONES PARA USO INTERNO

Ansiedad, estrés emotivo asociado a afecciones y problemas respiratorios, asma, rinitis y bronquitis alérgica, enfisema, tos, catarro inapetencia, aerocolia, flatulencia, gastroenteritis, amenorrea, leucorrea, tensión premenstrual, dismenorrea, presión arterial irregular.

JAZMÍN

Jasminum officinale
Jasminum grandiflorum
Jasminum odoratissimum

Familia: **Oleáceas**

PLANTA

Arbusto originario del Extremo Oriente y cultivado en los países mediterráneos; el nombre deriva del persa *yasamin*, «flor blanca». La variedad *Jasminum sambac* —comúnmente llamada *jazmín de la India*— es frecuente en los frondosos jardines de las regiones cálidas y se caracteriza por tener flores muy perfumadas y de color inicialmente blanco que posteriormente se vuelve rojo. En Italia se encuentra también una variedad con flores amarillas (*Jasminum fruticans*). Las variedades *Jasminum grandiflorum* y *Jasminum odoratissimum* son importantes por la esencia que se extrae de las flores.

ACEITE ESENCIAL

Sin duda es el más caro de todos, ya que se obtiene gracias la utilización de solventes; de hecho, no es posible la destilación por corriente de vapor, porque el calor alteraría las características del perfume.

La mejor esencia se logra utilizando éter, que permite preservar todas las cualidades aromáticas y obtener un producto excelente para curar alteraciones psiconeuróticas y psicosomáticas, o que están relacionadas con el ámbito de la sexualidad.

PROPIEDADES

Sedantes del sistema nervioso central y periférico, relajantes, cosméticas y dermatológicas, de interés ginecológico, obstétrico y broncopulmonar.

INDICACIONES PARA USO EXTERNO

Piel seca e irritable, dermatitis y dermatosis de origen nervioso, jaqueca, síndrome premenstrual, dismenorrea, calambres, dolores uterinos, tensión nerviosa, insomnio, frigidez, impotencia, anorgasmia, afecciones de las vías respiratorias, afonía.

MODALIDADES DE USO

Baños aromáticos, masajes, gárgaras, inhalaciones.

INDICACIONES PARA USO INTERNO

Astenia, ansiedad, espasmos musculares, tensión emotiva, dolores musculares y articulares, síndrome premenstrual, dismenorrea, *shock* nervioso o emotivo, pánico, estados crónicos de debilitación nerviosa, insomnio, disnea, catarro, tos espástica, tos nerviosa.

JENGIBRE

Zingiber officinale
Familia: **Zingiberáceas**

PLANTA

Herbácea perenne originaria de Asia y cultivada en África occidental, Indochina, China, Japón y América central; posee un rizoma o tallo subterráneo breve y rastrero con ramas constituidas únicamente por hojas y ramas con flores de periantio amarillo y labelo violeta manchado de amarillo. El jengibre se ha utilizado siempre en gastronomía como especia y en medicina como eupéptico para favorecer la digestión.

ACEITE ESENCIAL

Se obtiene por destilación mediante vapor del rizoma aromático picante: el jengibre blanco decorticado o el jengibre gris o negro todavía cubierto por una capa tipo corcho. El aceite, de color amarillo verdoso, tiene un olor fuerte y contiene principios aromáticos muy útiles en la elaboración de licores; uno de sus compuestos aromáticos, el gingerol, se utiliza en medicina para favorecer las secreciones gástricas. La composición de la esencia ha sido objeto de numerosos estudios que han probado sus propiedades y, particularmente, la capacidad de prevención de mareos y molestias gastrointestinales.

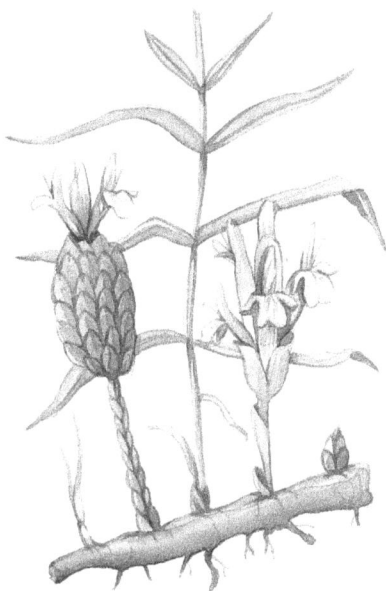

PROPIEDADES

Eupépticas, aperitivas, digestivas, antiulcerosas, colagogas, hepatoprotectoras, algo laxantes, equilibrantes de las funciones digestivas, antidislipidémicas, estimulantes de la circulación inhibidoras de la agregación de las plaquetas, moderadoras en las quinetosis (trastornos por movimiento pasivo), antimareos, hipotensivas, bradicardizantes, analgésicas, anticonvulsivantes.

INDICACIONES PARA USO EXTERNO

Anorexia, inapetencia, dispepsia atónica, problemas de estasis venosa, flatulencia, meteorismo, dolores reumáticos.

MODALIDADES DE USO

Baños, compresas.

INDICACIONES PARA USO INTERNO

Hiperlipidemia, dispepsia atónica, hipercolesterolemia, anorexia, inapetencia, hipertrigliceridemia, flatulencia, mareos.

LIMÓN

Citrus limon
Familia: Rutáceas

PLANTA

Árbol originario de la India, crece en España, Portugal y en algunas regiones italianas (Sicilia, Calabria, Liguria). La pulpa del fruto, jugosa y muy ácida, es rica en vitamina C y se utiliza ampliamente en alimentación, para la elaboración de bebidas, para condimentar, etc.

ACEITE ESENCIAL

Obtenido de las pieles de los frutos mediante licuación o presión, es un líquido amarillo que contiene varios principios activos (limonemo, citral, pineno, felandreno y otros); se utiliza en perfumería o para aromatizar bebidas, licores y dulces. Su acción farmacológica afecta a diferentes órganos y aparatos del organismo.

PROPIEDADES

Bactericidas, antisépticas, bacteriostáticas, cicatrizantes, antiescorbúticas, antianémicas, vermífugas, hipotensivas, antiescleróticas, fluidificantes de la sangre, antiartríticas, tónicas del sistema neurovegetativo ortosimpático, antirreumáticas, antigotosas, antipiréticas, tónicas venosas, tonicardiacas, depurativas, vitamínicas, mineralizantes, refrescantes, estimulantes de las secreciones gastrohepáticas y pancreáticas, carminativas.

INDICACIONES PARA USO INTERNO

Inflamación de la boca y de la garganta, hemorragias nasales, dermatitis, dermatosis, herpes, verrugas, picaduras de insectos, llagas infectadas, seborrea del cuero cabelludo, piel grasa y acneica, poros dilatados, sabañones, pies sensibles, uñas frágiles, picazón, jaqueca, blefaritis, reumatismos, obesidad, celulitis, meteorismo.

MODALIDADES DE USO

Baños inhalaciones, gárgaras, enjuagues, compresas, masajes.

INDICACIONES PARA USO INTERNO

Infecciones de las vías respiratorias, del tubo digestivo y de las vías urogenitales, varices, arteriosclerosis, flebitis, diarrea, hemorroides, congestión hepática, icteritis, dispepsia, vómitos, úlcera gástrica y duodenal, gases intestinales, disentería, parasitosis intestinal.

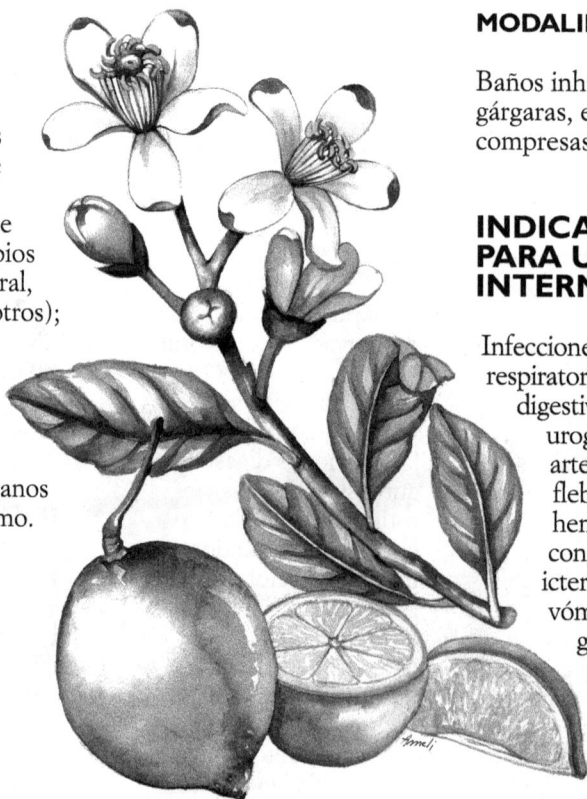

MANZANILLA COMÚN O VULGAR

Matricaria chamomilla

Familia: **Compuestas tubulífloras**

PLANTA

Herbácea anual de tallo erecto ramificado, con flores unidas en cabezuelas y dirigidas hacia abajo al final de la florescencia. El nombre *matricaria* procede del latín *matrix*, «útero», para indicar las propiedades emenagogas de esta planta, conocidas ya por la medicina griega y luego muy aprovechadas por la tradición médica popular. Muy aromática, la manzanilla común crece espontánea en los campos y a lo largo de las veredas de la campiña. Las flores, de color amarillo intenso, tienen un sabor un poco amargo; se recogen durante el verano y se dejan secar al aire libre y en la oscuridad.

ACEITE ESENCIAL

Obtenido por destilación de las flores desecadas, desarrolla una fuerte acción curativa debida al azuleno, sedante general dotado de propiedades antiinflamatorias y cicatrizantes, y a los compuestos químicos flavonoides con efecto antiespástico, sobre todo digestivo. La infusión de manzanilla, normalmente tomada como agradable bebida, es completamente diferente de la infusión medicinal terapéutica, que tiene un sabor agrio y en absoluto agradable.

PROPIEDADES

Antiespásticas, antálgicas, sedantes del sistema nervioso, digestivas, colagogas, vermífugas, antipiréticas, sudoríferas, bacteriostáticas, antiinflamatorias, cicatrizantes, emenagogas.

INDICACIONES PARA USO EXTERNO

Acné, forunculosis, urticaria, llagas, conjuntivitis, reúma, picazón vulvar.

MODALIDADES DE USO

Baños, baños de pies, compresas, masajes, irrigaciones vaginales.

INDICACIONES PARA USO INTERNO

Anemia, jaqueca, neuralgias faciales, cefaleas durante la gripe, dentición dolorosa en los niños, calambres gástricos e intestinales, diarrea, inapetencia, depresión, nerviosismo, amenorrea y dismenorrea en sujetos nerviosos, convulsiones, dolores del raquis lumbar, parásitos intestinales en los niños.

MANZANILLA ROMANA O NOBLE

Anthemis nobilis

Familia: **Compuestas tubulífloras**

PLANTA

Herbácea perenne con flores muy claras y más perfumadas que las de la manzanilla común (*Matricaria chamomilla*). Aunque la experimentación sea limitada, se ha demostrado que esta planta favorece la digestión gastroduodenal, calma los espasmos intestinales y posee propiedades antipiréticas. Es evidente la acción antiinflamatoria del azuleno, que se forma cuando el aceite esencial se destila de la planta.

ACEITE ESENCIAL

Se obtiene por destilación de las flores secas y posee un contenido de ésteres particularmente alto (85 %); cura muchas molestias y no es tóxico.

PROPIEDADES

Sedantes cutáneas, antálgicas generales y locales, bacteriostáticas, bactericidas, antiespásticas musculares, eupépticas, antianémicas, digestivas, colagogas, antidiarreicas, vermífugas, sudoríferas, antipiréticas, emenagogas, sedantes del ciclo femenino, sedantes del sistema nervioso en los niños (rabietas nocturnas, insomnio, enuresis nocturna).

INDICACIONES PARA USO EXTERNO

Acné juvenil y rosácea, dermatitis, dermatosis, forunculosis, urticaria, llagas superficiales infectas, conjuntivitis, picazón vulvar, pies doloridos, nerviosismo.

MODALIDADES DE USO

Baños aromáticos, baños de pies, compresas, masajes, irrigaciones vaginales.

INDICACIONES PARA USO INTERNO

Anemia, jaqueca, neuralgias faciales, cefalea gripal, dentición dolorosa, dolores agudos del raquis lumbar, calambres gástricos e intestinales en los niños y en los adultos, colitis espásticas, inapetencia, depresión, nerviosismo, irritabilidad, amenorrea y menstruación muy dolorosa en mujeres particularmente nerviosas, metrorragias, convulsiones, crisis histéricas, parásitos intestinales.

MEJORANA

Origanum maiorana

Familia: **Labiadas**

PLANTA

Herbácea perenne con hojas ovales y flores blancas y rosadas, es originaria de Asia central y se ha difundido por Occidente. Es muy apreciada por sus virtudes aromáticas y en medicina popular se utilizaba como antiespástico en las enfermedades respiratorias y gastrointestinales.

ACEITE ESENCIAL

Obtenido por destilación mediante vapor de las extremidades floridas y de las hojas, contiene alcanfor y otros compuestos dotados de propiedades antiespásticas, antineurálgicas y antifermentativas.

PROPIEDADES

Bactericidas, fungicidas, estomáquicas, antifermentativas, tónicas, sedantes, relajantes, balsámicas, expectorantes, emenagogas, cosméticas, de apoyo a las defensas inmunitarias, equilibrantes del sistema neurovegetativo nervioso.

INDICACIONES PARA USO EXTERNO

Neuralgias, calambres, dolores musculares, dolores reumáticos, contusiones, espasmos, dislocaciones, esguinces, debilidad general, heridas, llagas, jaqueca, insomnio, nerviosismo, estrés, estados depresivos continuados, piel hipotónica, inflamaciones de boca y garganta, resfriado, afonía, ronquera, neuralgias dentales, dismenorrea, leucorrea, irritación vaginal.

MODALIDADES DE USO

Baños aromáticos, de pies, de manos, compresas, masajes, aplicaciones locales, inhalaciones, gárgaras, enjuagues, irrigaciones vaginales.

INDICACIONES PARA USO INTERNO

Enfermedades infecciosas espasmos gástricos con aerofagia, aerocolia, flatulencia, meteorismo, diarrea, catarro, broncoespasmo, asma, disnea, dismenorrea, jaqueca, insomnio, inestabilidad humoral, depresión psicoasténica, cansancio.

MELISA

Melissa officinalis

Familia: **Labiadas**

PLANTA

Herbácea perenne, con flores blancas amarillentas y/o rosadas y hojas ovaladas de perfume muy agradable que recuerda al de los cedros y al de los limones. Originaria del norte de Europa y de América, se ha difundido también en las regiones mediterráneas. En la antigua Grecia se apreciaba por sus propiedades antiespásticas y estimulantes del sistema nervioso. Hoy día se conoce sobre todo por el agua destilada, antihistérica y calmante. Se utilizan las sumidades floridas y las hojas que se desecan en lugar fresco y sombreado.

ACEITE ESENCIAL

Obtenido por destilación de las sumidades floridas y las hojas, puede ser eficazmente utilizado en todas las alteraciones de origen nervioso y en muchas otras molestias de diferentes órganos.

PROPIEDADES

Refrescantes, lenitivas, tónicas cerebrales, cardiacas, digestivas y uterinas, estimulantes de la actividad psicofísica, estomáquicas, coleréticas, carminativas, vermífugas, emenagogas, reforzantes de las defensas inmunitarias, cosméticas.

INDICACIONES PARA USO EXTERNO

Ansiedad, estrés, *shock* emotivo, crisis histéricas, insomnio nervioso, afonía y ronquera de origen emotivo, taquicardias, lipotimias, nerviosismo en las extremidades inferiores (el llamado *síndrome del conductor*), manos inquietas, picaduras de insectos, tics, hipo, tartamudeos, calambres, dispepsia, espasmos musculares, dolores gastrointestinales y reumáticos.

MODALIDADES DE USO

Baños aromáticos, de pies, de manos, gárgaras, compresas, masajes.

INDICACIONES PARA USO INTERNO

Espasmos gástricos de origen nervioso, alteraciones cardiacas de origen emotivo, crisis histéricas, crisis de pánico, impaciencia, cólera, tartamudez, dismenorrea, molestias de la menopausia, insomnio nervioso, sueño agitado, neuralgias dentales, auriculares, trigeminales y de la cara en general, convulsiones, crisis de tipo epiléptico, síncope, vértigo emotivo, acúfenos.

MENTA PIPERITA

Mentha piperita
Familia: **Labiadas**

PLANTA

Herbácea perenne con pequeñas flores rojas, cultivada en Europa y América por sus virtudes antisépticas, calmantes, digestivas, tónicas y antiespásticas. Las hojas se utilizan para la destilación de la esencia y la elaboración de infusiones, licores y pomadas. Parece ser que su nombre se refiere a la ninfa Mintha («mente»), dotada de cristalinas capacidades mentales, como las que da la menta con su aroma fuerte y punzante (piperita).

ACEITE ESENCIAL

Obtenido por destilación mediante vapor de las hojas, ricas en glándulas oloríferas, está constituido por mentol (63 %), mentón (24 %) y otros principios activos. Favorece la digestión activando la secreción de los jugos salivares, gástricos e intestinales, y sedando los espasmos, con una acción similar a la del anís verde, manzanilla, comino, hinojo y genciana.

PROPIEDADES

Digestivas, estomáquicas, antieméticas, carminativas, analgésicas a nivel gástrico e intestinal, antisépticas, vermífugas, antiinfecciosas, balsámicas, expectorantes, cardiotónicas, sedantes, tranquilizantes, antiespásticas, emenagogas, estimulantes psicofísicas, afrodisiacas, tónicas generales.

INDICACIONES PARA USO EXTERNO

Acné juvenil y rosácea, micosis, heridas, irritaciones cutáneas, llagas, picazón, parasitosis, atonía digestiva, aerofagia, flatulencia, bronquitis, asma bronquial, sinusitis, halitosis, gingivitis, neuralgias, jaqueca, confusión mental, hipotonía muscular, debilitación nerviosa.

MODALIDADES DE USO

Baños aromáticos, de pies, compresas, inhalaciones, gárgaras, enjuagues.

INDICACIONES PARA USO INTERNO

Lactancia insuficiente, taquicardias, halitosis espasmos gástricos, leve insuficiencia hepática, cálculos biliares, cólicos intestinales, borborigmos, flatulencia, diarrea, vértigo, dismenorrea, amenorrea, dermatitis, dermatosis.

NARANJO AMARGO Y NEROLÍ

Citrus aurantium var. amara
Familia: **Rutáceas**

PLANTA

Arbusto o pequeño árbol perenne, originario de la India oriental, con flores blancas y muy perfumadas; el cultivo obtuvo mediante injerto el *naranjo dulce* utilizado en alimentación y particularmente apreciado como tónico, estimulante y regulador del apetito.

ACEITE ESENCIAL

El aceite esencial de naranjo amargo se extrae de la piel de los frutos maduros, mientras que de la destilación de las flores frescas se obtiene la *esencia de nerolí*, que debe su celebridad, además de su nombre, a una princesa del siglo XVII, Ana María de Nerola, la cual adoraba rociarse con este perfume.

PROPIEDADES

Sedantes y relajantes (sistema ortosimpático, corazón y nervios), pero también tónicas y estimulantes; eupépticas, estomáquicas, digestivas, antipiréticas, vermífugas.

INDICACIONES PARA USO EXTERNO

Aerocolia, dispepsia, insomnio, estrés, tensión nerviosa, sobrecarga intelectual, pérdida de memoria, fiebre, sinusitis.

MODALIDADES DE USO

Baños aromáticos, baños de pies, masajes, inhalaciones.

INDICACIONES PARA USO INTERNO

Espasmos cardiacos, palpitaciones, insomnio, nerviosismo, tensión, ansiedad, estrés, desgana, mala digestión, flatulencia, diarrea.

NIAULI (MELALEUCA)

Melaleuca viridiflora
Familia: **Mirtáceas**

PLANTA

Gran árbol de Nueva Caledonia caracterizado, como las decenas de otras especies pertenecientes al mismo género, por hojas punteadas por pequeñas glándulas oloríferas, flores en espiga y frutos en cápsula. Debe su importancia a la extracción de sus hojas de la esencia, conocida también con el nombre de *gomenol*.

ACEITE ESENCIAL

Obtenido por destilación mediante vapor de las hojas frescas, en terapia se utiliza después de quitar los aldehídos irritantes y de purificarlo; contiene del 35 al 65 % de eucaliptol, el 15 % de terpinol y muchos otros compuestos de fuerte acción antiséptica, balsámica y estimulante de los tejidos. La esencia, capaz de parar el bacilo de la tuberculosis, entra farmacológicamente en los antisépticos por instilación nasal.

PROPIEDADES

Muy antisépticas a nivel bronquial y urinario, antiinfecciosas, anticatarrales, antidisentéricas, analgésicas, antilitiásicas biliares, antirreumáticas, vermífugas.

INDICACIONES PARA USO EXTERNO

Heridas, llagas, fístulas, úlceras, ustiones y postustiones, rinitis, sinusitis, otitis, faringitis, laringitis, tos ferina, bronquitis y otras afecciones pulmonares.

MODALIDADES DE USO

Aplicaciones locales, compresas, inhalaciones, gárgaras, enjuagues.

INDICACIONES PARA USO INTERNO

Enfermedades de las vías respiratorias, bronquitis crónica, bronquiectasia, catarro espeso, rinitis, sinusitis, otitis, tos ferina, tuberculosis de los huesos y pulmonar, enteritis, diarrea, cistitis, uretritis, infecciones del puerperio, parasitosis intestinal, afecciones reumáticas.

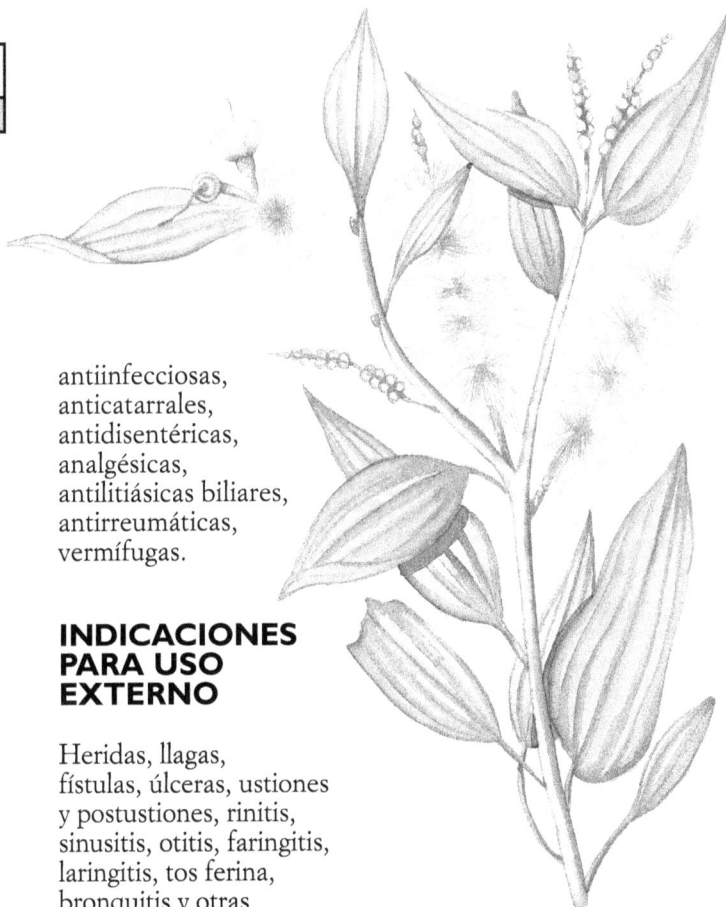

NUEZ MOSCADA

Myristica fragrans

Familia: **Miristicáceas**

PLANTA

Originario de las islas Molucas y actualmente cultivado en muchos países tropicales, es un árbol que llega a los 15 metros, con frutos carnosos y en forma de pera que contienen una gran semilla leñosa (nuez moscada), que se utiliza para aromatizar platos y bebidas calientes. Entra también en la composición de fármacos estimulantes. El área de producción es la de los países tropicales (Java, India, Sumatra, Antillas, Molucas).

ACEITE ESENCIAL

Obtenido por destilación mediante vapor de las semillas, se presenta como un líquido aromático y de sabor agrio, intenso y fuerte; contiene pineno, canfeno, dipenteno y muchos alcoholes terpénicos. De la cáscara de la nuez se extrae una esencia, potencialmente menos irritante que la que se saca de la nuez.

PROPIEDADES

Estimulantes a nivel general, cerebral y cardiocirculatorio, antisépticas generales e intestinales, digestivas, antilitiásicas biliares, carminativas, emenagogas, analgésicas, cosméticas.

INDICACIONES PARA USO EXTERNO

Halitosis, neuralgias dentales, boca seca, ronquera, neuralgias articulares, dolores reumáticos, musculares o vertebrales, cansancio, sensación de debilidad de las extremidades inferiores.

MODALIDADES DE USO

Baños aromáticos, de pies, compresas, masajes, gárgaras, enjuagues.

INDICACIONES PARA USO INTERNO

Infecciones intestinales, flatulencia, halitosis, dispepsia habitual, indigestión, cefalea por abusos alimentarios, cálculos biliares, menstruación escasa e irregular, dolores reumáticos, estados de astenia, apatía y confusión mental.

ORÉGANO COMÚN

Origanum vulgare

Familia: *Labiadas*

PLANTA

Herbácea perenne aromática, con tallo erecto y hojas ovaladas y peludas, y flores pequeñas de color púrpura. Crece en toda Europa y en Asia occidental.

ACEITE ESENCIAL

Obtenido por destilación mediante vapor de toda la planta, tiene color amarillo, sabor amargo y olor fuertemente aromático.

PROPIEDADES

Antisépticas, bactericidas, bacteriostáticas, antivíricas, mucolíticas, expectorantes, digestivas, tónicas, estimulantes hepáticas y biliares, depurativas, diuréticas, antiespásticas, antálgicas, de refuerzo de las defensas inmunitarias, antirreumáticas, emenagogas, relajantes, cosméticas.

INDICACIONES PARA USO EXTERNO

Abscesos, neuralgias, celulitis, placas adiposas localizadas, digestión lenta y difícil, espasmos gástricos e intestinales con aerofagia y aerocolia, plétora, hipertensión arterial, dolores musculares, contusiones, dislocaciones, resfriados, sinusitis, asma bronquial, bronquitis crónica, bronquiectasia, enfisema, catarro denso, amenorrea, dismenorrea, menstruación escasa, leucorrea, vaginitis.

MODALIDADES DE USO

Baños aromáticos, de pies, aplicaciones locales, masajes, inhalaciones, irrigaciones vaginales.

INDICACIONES PARA USO INTERNO

Síndromes infecciosos, atonía gástrica, dispepsia con leve insuficiencia hepática, estipsis, plétora, hipertensión arterial, bronquitis crónica, asma, tuberculosis pulmonar, ansiedad, astenia generalizada, insomnio, irritación, depresión.

CONTRAINDICACIONES

El aceite esencial de orégano está contraindicado durante el embarazo.

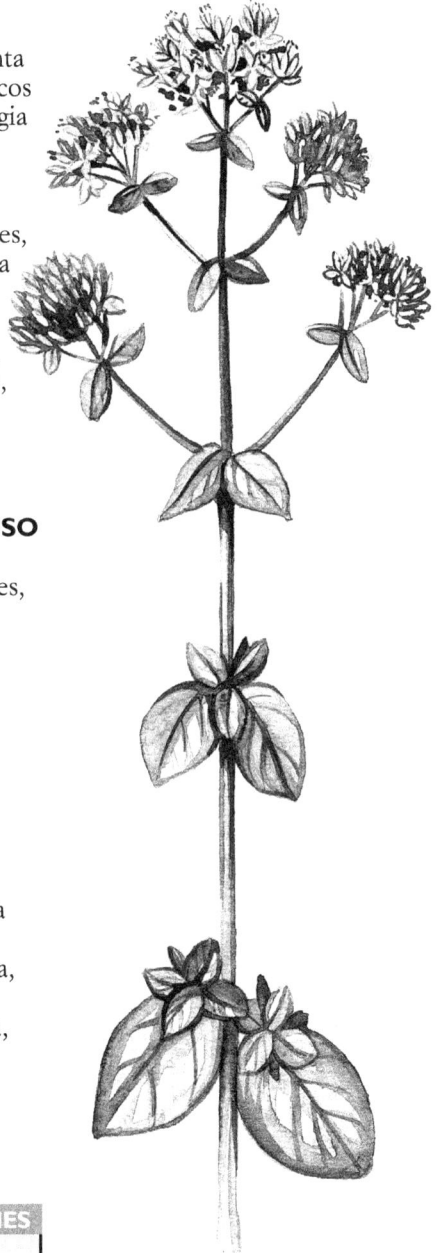

51

PACHULÍ

Pogostemon patchouly
Familia: *Labiadas*

PLANTA

Probablemente originaria de Filipinas, de Malasia y de las islas Seychelles, esta planta se ha difundido también en China e India. Indonesia es hoy día el principal centro de producción, mientras que en Singapur se concentra la actividad de destilación del aceite esencial, hoy muy apreciado también en Occidente por sus propiedades.

ACEITE ESENCIAL

Se obtiene por destilación mediante vapor de las hojas jóvenes de la planta, que se seleccionan y desecan antes de ser tratadas para la extracción; el aceite es de color pardo y consistencia viscosa, y está caracterizado por un perfume marcado y persistente.

NOTA

El aceite esencial de pachulí está indicado sólo para uso externo como coadyuvante en algunas afecciones de la piel, en el cuidado del cabello y en masajes sedantes y tonificantes.

PROPIEDADES

Antisépticas, antimicóticas, antiinflamatorias, depurativas, relajantes, sedantes, antidepresivas, afrodisiacas, cosméticas, cicatrizantes, antiparasitarias.

INDICACIONES PARA USO EXTERNO

Inflamaciones e infecciones cutáneas, ustiones de primer grado, piel grasa, seborrea del cuero cabelludo, dermatitis acneicas, eritematosas, vesiculares, exudativas, descamativas, papulosas y nodulares, acné folicular, estados de ansiedad y de irritación.

MODALIDADES DE USO

Aplicaciones locales, compresas, masajes.

PINO SILVESTRE

Pinus silvestris

Familia: **Pináceas**

PLANTA

Árbol ornamental muy elegante, con hojas en forma de aguja e inflorescencias en estróbilos (piñas). Está muy difundido en las regiones frías del norte de Europa y es precioso por sus yemas, las resinas balsámicas y el aceite esencial.

ACEITE ESENCIAL

Obtenido por destilación en corriente de vapor de agujas frescas, contiene unos compuestos de elevado poder antiséptico, muy eficaces por inhalación y por vía interna (una vez ingeridos se van eliminando por los pulmones); se utiliza mucho en la elaboración de geles de ducha, jabones y detergentes gracias a sus propiedades antisépticas, tónicas y balsámicas.

PROPIEDADES

Balsámicas, antisépticas cutáneas, respiratorias, hepatobiliares, intestinales y urinarias, antiinflamatorias, descongestionantes, tónicas, refrescantes, antirreumáticas, rubefacientes, relajantes.

INDICACIONES PARA USO EXTERNO

Catarro bronquial, tos, rinitis, traqueítis, bronquitis, asma, sinusitis, afecciones de la boca y de la garganta, reúma, artritis, gota, insomnio, jaqueca.

MODALIDADES DE USO

Baños aromáticos, masajes, compresas, inhalaciones, gárgaras, enjuagues.

INDICACIONES PARA USO INTERNO

Catarro bronquial y pulmonar, tos, rinitis, traqueítis, asma, sinusitis, afecciones de la garganta, calculosis biliar, catarro intestinal y de la vesícula, cistitis, uretritis, inflamaciones renales, debilidad, enfermedades debilitantes, hipotrofia muscular (por hipoactividad de la corteza suprarrenal).

ROMERO

Rosmarinus officinalis
Familia: **Labiadas**

PLANTA

Arbusto perenne que crece espontáneo en las costas mediterráneas. El nombre deriva del latín *ros marinus* «rocío de mar». Gracias a sus propiedades aromáticas se utiliza mucho en alimentación; las hojas y las sumidades floridas se utilizan también en perfumería y farmacología.

ACEITE ESENCIAL

Obtenido por destilación mediante vapor de las hojas y de las sumidades floridas, contiene pineno, canfeno, borneol, cineol, alcanfor y otras sustancias. Se utiliza mucho en cosmética para la elaboración de perfumes, champús y dentífricos, gracias a sus propiedades desodorantes, purificantes y estimulantes.

PROPIEDADES

Antisépticas, cicatrizantes, antiparasitarias, emolientes, calmantes de la tos, expectorantes, antiespásticas, eupépticas, estomáquicas, colagogas, coleréticas, carminativas, hipotensivas, vasodilatadoras, tónicas, revitalizantes, diuréticas, antirreumáticas, lenitivas, relajantes, antineurálgicas, antigotosas, emenagogas; probablemente afrodisiacas.

INDICACIONES PARA USO EXTERNO

Abscesos, heridas, llagas, estomatitis, agotamiento intelectual, cansancio físico, reúmas, dolores gastrointestinales y musculares, leucorrea, piel grasa con impurezas, caída del pelo, vista cansada, parálisis, celulitis, obesidad.

MODALIDADES DE USO

Baños, compresas, masajes, enjuagues, irrigaciones vaginales.

INDICACIONES PARA USO INTERNO

Asma, bronquitis crónica, fiebre, gripe, catarro bronquial e intestinal, tos ferina, dispepsia, molestias biliares, insuficiencia hepática, icteria, diarrea, flatulencia, hipercolesterolemia, dismenorrea, leucorrea, jaqueca, convulsiones, vértigo, debilidad general, impotencia, vaginismo, reumatismos.

ROSA

Rosa centifolia
Rosa damascena
Rosa gallica

Familia: **Rosáceas**

PLANTA

Arbusto pequeño originario de la antigua Persia, donde su esencia era muy popular.

Crece en los matorrales, en terrenos no cultivados calcáreos y en los bosques claros y ondulados; se cultiva fácilmente, pero su esencia es cara.

ACEITE ESENCIAL

Se obtiene por destilación en corriente de vapor de los pétalos recogidos antes de la floración y desecados al aire en el caso de la *Rosa damascena* (Bulgaria) o de la *Rosa gallica* (África septentrional); si las flores pertenecen a la *Rosa centifolia*, la esencia se obtiene a través de solventes volátiles que la hacen inadecuada para el uso interno. Entre las esencias aromáticas, la de rosa es una de las más apreciadas en terapia y cosmética.

PROPIEDADES

Lenitivas, relajantes, antisépticas, cosméticas, tónicas, ansiolíticas, digestivas, hepatobiliares, emenagogas.

INDICACIONES PARA USO EXTERNO

Halitosis, aftas, gingivitis, estomatitis, muguet, laringitis, faringitis, hemorroides, amenorrea, menstruación irregular, inflamaciones vaginales y uterinas, leucorrea, ansiedad y tensión nerviosa con hiperhidrosis y sudor frío, piel seca, espesa y pruriginosa, sabañones, pies hinchados, edematosis.

MODALIDADES DE USO

Baños aromáticos, compresas, masajes, inhalaciones, gárgaras, enjuagues, irrigaciones vaginales.

INDICACIONES PARA USO INTERNO

Ansiedad, insomnio, atonía gástrica, flogosis intestinal, colitis, enterocolitis, diarrea alternada con estipsis, molestias hepáticas, cálculos biliares, dismenorrea, esterilidad, dermatitis, dermatosis.

SALVIA

Salvia officinalis
Familia: *Labiadas*

PLANTA

Herbácea perenne con tallo leñoso y hojas de color gris y textura aterciopelada, en el mundo latino se exaltaba gracias a sus virtudes de «hierba sagrada» y en la Edad Media se conocía como «salvia salvadora y conciliadora natural».

La planta es muy aromática; las hojas, recogidas antes de la floración y privadas de su rabillo, se desecan colgadas en guirnaldas o puestas sobre tarimas en lugares secos y sombríos; las hojas puestas en contenedores de vidrio con cierre hermético conservan durante mucho tiempo su inconfundible aroma y sus propiedades.

ACEITE ESENCIAL

Obtenido por destilación en corriente de vapor de las hojas, contiene ácidos fenólicos y rosmarínicos, flavonoides, salviol y también principios estrogénicos y sustancias tóxicas para el sistema nervioso.

PROPIEDADES

Antisépticas, excitantes del sistema nervioso, estimulantes corticorrenales, hipertensivas, antisudoríferas, diuréticas, antiespásticas, emenagogas.

INDICACIONES PARA USO EXTERNO

Aftas, estomatitis, neuralgias dentales, amigdalitis, laringitis, heridas, llagas, úlceras, contusiones, alopecia, dermatosis, picaduras de insectos, reumatismos, nerviosismo.

MODALIDADES DE USO

Baños aromáticos, gárgaras, enjuagues, masajes, irrigaciones vaginales, supositorios emenagogos.

INDICACIONES PARA USO INTERNO

Astenia, neurastenia, dispepsia por atonía gástrica, asma, hipotensión, sudoración nocturna, hipersudoración de las manos y de las axilas, amenorrea, dismenorrea, leucorrea, esterilidad, preparación al parto, menopausia.

NOTA

A causa de sus propiedades convulsivantes, el aceite esencial de salvia presenta un grado de toxicidad doble respecto al de ajenjo, y por esta razón tiene que ser utilizado en dosis mínimas.

SÁNDALO

Santalum album

Familia: **Santaláceas**

PLANTA

Gran árbol de madera noble, sempervirente, que crece en la India oriental y en Australia; proporciona un aceite esencial excelente.

ACEITE ESENCIAL

Obtenido por destilación en corriente de vapor de la madera y de las raíces de la planta, contiene un 80 % de alcoholes terpénicos. Se utiliza en perfumería.

PROPIEDADES

Antiinfecciosas, antisépticas urinarias y respiratorias, cosméticas, antiespásticas, sedantes, relajantes, hidratantes cutáneas, estimulantes intelectuales, euforizantes, afrodisiacas.

INDICACIONES PARA USO EXTERNO

Piel seca, escamosa, delicada, irritable y pruriginosa, dermatosis, eccemas secos, inflamaciones de la garganta, cistitis, uretritis, nerviosismo, irritación.

MODALIDADES DE USO

Baños, baños de asiento, compresas, baños de esponja, aplicaciones locales, masajes, gárgaras, enjuagues.

INDICACIONES PARA USO INTERNO

Inflamación de las vías urinarias, de la laringe y de la faringe, cistitis, uretritis, blenorragia, impotencia, frigidez, anorgasmia, hipo, tic nervioso, tos persistente, bronquitis crónica, gastritis, gastralgia, enteritis, enterocolitis, cólicos abdominales, diarrea persistente, insomnio por nerviosismo y agitación motora.

CONTRAINDICACIONES

La aplicación encima de la piel del aceite esencial de sándalo no se aconseja durante el embarazo..

TOMILLO

Thymus vulgaris
Familia: **Labiadas**

PLANTA

Herbácea matosa muy olorosa que crece en tierras áridas de la región mediterránea y que se cultiva por su aroma; entre las plantas medicinales, es una de las que posee más propiedades curativas.

ACEITE ESENCIAL

Obtenido por destilación al vapor de las extremidades floridas y rectificado para eliminar las impurezas, contiene timol, pineno, resinas y tanino.

Friccionado sobre la piel, desarrolla una acción excitante y antiséptica; utilizado para inhalaciones o tomado por vía interna, tiene un potente efecto antiséptico sobre las vías respiratorias.

PROPIEDADES

Antisépticas, balsámicas, expectorantes, miorrelajantes, digestivas, carminativas, vermífugas, diuréticas, diaforéticas, emenagogas, afrodisiacas, tónicas del sistema nervioso, cicatrizantes, cosméticas.

INDICACIONES PARA USO EXTERNO

Molestias bucales y dentales, afonía, catarro, dermatosis, llagas, caída del pelo, dolores reumáticos, leucorrea, amenorrea, irregularidades menstruales, dismenorrea, insomnio, ansiedad, crisis nerviosas, depresión.

MODALIDADES DE USO

Baños aromáticos, de pies, gárgaras, enjuagues, inhalaciones, compresas, irrigaciones vaginales, mascarillas tonificantes y purificantes.

INDICACIONES PARA USO INTERNO

Enfermedades respiratorias, intestinales y urinarias, infecciosas, resfriado, gripe, amigdalitis, asma, bronquitis crónica, enfisema, tos ferina, cefalea, tic nervioso, parasitosis intestinal, leucorrea, amenorrea, dismenorrea, insomnio, ansiedad, crisis nerviosas, depresión, hipotensión arterial, lipotimias.

YLANG-YLANG

Cananga odorata
Familia: **Ananáceas**

PLANTA

Procedente de Extremo Oriente, esta planta de unos 20 metros de longitud y con flores perfumadísimas se cultiva para uso ornamental y por su esencia, sobre todo en Java, Sumatra y en Filipinas, y también en Madagascar y en la isla de Reunión.

Esta última, con Filipinas, proporciona las plantas de mejor calidad de las cuales se extraen perfumes dignos de la fama de la que se considera «la flor de las flores».

ACEITE ESENCIAL

Se obtiene por destilación mediante vapor de las flores frescas de la planta, especialmente de las recogidas en los meses de mayo y junio en tierras secas y a una cierta altitud. La esencia es de color amarillo claro y tiene un perfume intenso y dulce que recuerda la fragancia del jazmín; es un eficaz antiséptico, muy utilizado en el pasado para curar la malaria. En la esencia de ylang-ylang prevalece el ácido benzoico, que actúa principalmente sobre las articulaciones, músculos, corazón, bronquios y riñones.

PROPIEDADES

Relajantes, afrodisiacas, antisépticas, balsámicas, hipotensivas, tónicas nerviosas, cardiacas y respiratorias, antirreumáticas, cosméticas.

INDICACIONES PARA USO EXTERNO

Cansancio, postración, nerviosismo, tensión, depresión, insomnio, intranquilidad, agitación de las piernas y de las manos, piel grasa, seborrea del cuero cabelludo, pelo deteriorado, molestias reumáticas generales, dolores osteoarticulares, tos con garganta seca, libido escasa, impotencia, frigidez, anorgasmia.

MODALIDADES DE USO

Baños aromáticos, gárgaras, inhalaciones, compresas, masajes, fricciones.

INDICACIONES PARA USO INTERNO

Molestias funcionales cardiocirculatorias y nerviosas, nerviosismo, agitación, escasa libido, impotencia, frigidez, anorgasmia.

APLICACIONES TERAPÉUTICAS

ALOPECIA, CALVICIE

Caída progresiva del pelo en mechones o por zonas, causada por diferentes fisiopatologías. Deja manchas o placas circunscritas o muy extendidas hasta llegar a la calvicie casi total.

USO EXTERNO

CIPRÉS

Modalidad de uso: masajes del cuero cabelludo.

POSOLOGÍA
Se añaden cinco gotas de esencia a una cucharadita de aceite de soporte y se masajea delicadamente durante 15 minutos con movimientos circulares. Se efectúa dos veces al día, por la mañana y por la noche, durante un periodo máximo de cuatro meses.

USO INTERNO

I. ALBAHACA, MANZANILLA ROMANA
2. SALVIA, TOMILLO

Indicaciones: estados de ansiedad y depresión, psicosomatización.

POSOLOGÍA
Se toman tres gotas de cada esencia con cualquier bebida, tres veces al día, utilizando las dos parejas de esencias indicadas en semanas alternas. Se sigue alternando durante un periodo máximo de cuatro meses.

ALOPECIA SEBORREICA O GRASA

Caída del pelo causada por hipersecreción de sebo (grasa cutánea untosa).

USO EXTERNO

ENEBRO

Modalidad de uso: masajes del cuero cabelludo.

POSOLOGÍA
Se añaden diez gotas de esencia a una cucharadita de aceite de soporte y se masajea delicadamente el cuero cabelludo durante 15 minutos con movimientos circulares. Se efectúa dos veces al día, por la mañana y por la noche, hasta la desaparición de la molestia.

USO INTERNO

I. ESPLIEGO, ROMERO
2. LIMÓN, PINO SILVESTRE

Indicaciones: hiperlipidemia, estados de sobrecarga funcional hepatobiliar.

POSOLOGÍA
Se toman tres gotas de cada esencia en la bebida que se elija, tres veces al día, utilizando las dos parejas de esencias en semanas alternas. Se sigue alternando hasta la desaparición de la molestia.

CABELLO CON CASPA

La caspa se produce por descamación epidérmica del cuero cabelludo.

La descamación, seca o pastosa, puede causar picazón y caída del pelo.

USO EXTERNO

LIMÓN, ROMERO

Modalidad de uso: masajes del cuero cabelludo.

POSOLOGÍA
Se añaden cinco gotas de cada esencia a una cucharadita de aceite de soporte y se masajea delicadamente el cuero cabelludo durante 10-15 minutos, con movimientos circulares. Se efectúa dos veces al día, por la mañana y por la noche, hasta la desaparición total de la caspa.

NOTA

Si la presencia de caspa está acompañada por caída del pelo, es necesario asociar también un tratamiento por vía interna. Si la piel de la cabeza está seca, se siguen las indicaciones dadas para la alopecia; en presencia de seborrea en el cuero cabelludo, proceden las indicaciones para la alopecia seborreica. En los dos casos es necesario seguir el tratamiento hasta eliminar la molestia.

CEFALEA, DOLORES DE CABEZA

Molestia de diferentes orígenes (inflamatorios, tensiones psicógenas, etc.), que se advierte en la cabeza con diferentes intensidades. Se puede presentar siempre a la misma hora o en la misma estación del año y conllevar zumbidos auriculares.

USO EXTERNO

ANÍS VERDE, CILANTRO, ESPLIEGO

Modalidad de uso: baños aromáticos.

POSOLOGÍA
Se añaden al agua de la bañera cuatro gotas de esencia de anís verde, cuatro de cilantro y ocho de espliego.

EUCALIPTO, LIMÓN, MENTA PIPERITA

Modalidad de uso: compresas

POSOLOGÍA
Se aplican dos compresas diarias con cuatro gotas de esencia de eucalipto, cuatro de limón y dos de menta piperita en 100 ml de agua caliente.

NOTA

Los baños aromáticos son útiles en el caso de cefaleas crónicas en sujetos que sufren de nerviosismo, ansiedad, depresión e insomnio; las compresas son más adecuadas en los casos agudos o si se desea un inmediato efecto antidolorífico.

USO INTERNO

MANZANILLA COMÚN, ESPLIEGO, MELISA

Indicaciones: estados psíquicos y físicos que llevan a la cefalea.

POSOLOGÍA
Se toman tres gotas de una de las esencias indicadas en cualquier bebida, tres veces al día. Se sigue durante una semana y luego se continúa el tratamiento con otra esencia.

NOTA

Otros aceites esenciales para utilizar internamente: caléndula, canela de Ceilán, cilantro, mejorana, nerolí, nuez moscada, pino silvestre, rosa, romero, salvia, ajedrea de montaña. Cada una de estas esencias se puede utilizar durante una semana según las modalidades indicadas.

CONJUNTIVITIS

Inflamación de la conjuntiva caracterizada por aumento de la secreción ocular. Existen diferentes formas de conjuntivitis: aguda contagiosa, por cuerpos extraños, litiásica, alérgica, blenorrágica, catarral, purulenta del bebé, vírica, tóxica, por fármacos.

USO EXTERNO

MANZANILLA ROMANA

Indicaciones: *inflamación del ojo y de los anexos oculares, oftalmitis o conjuntivitis gonocóccica del bebé, tracoma.*

GERANIO

Indicaciones: *inflamación ocular.*

ESPLIEGO

Indicaciones: *conjuntivitis catarral, por cuerpos extraños, alérgica y por fármacos.*

LIMÓN

Indicaciones: *conjuntivitis del bebé, blefaritis.*

ROSA

Indicaciones: *enrojecimiento y picazón ocular en cualquier tipo de conjuntivitis.*

Modalidad de uso: *instilaciones oculares y aplicación de compresas.*

POSOLOGÍA
Se diluyen dos gotas de la esencia más adecuada en una cucharadita de agua y se instilan directamente en los ojos; se empapa una compresa de gasa con el líquido sobrante y se aplica encima de los párpados durante cinco minutos.

JAQUECA

Cefalea congestiva que afecta en el 65 % de los casos a mujeres jóvenes y maduras con crisis de 12-48 horas de duración; el dolor es monolateral y puede estar acompañado por congestión nasal, congestión ocular, fiebre, fotofobia, mareo y vómito.

USO EXTERNO

MEJORANA, MENTA PIPERITA, TOMILLO

Modalidad de uso: *compresas en la zona dolorida.*

POSOLOGÍA
Se aplican entre tres y nueve compresas al día, durante toda la duración de la crisis, con tres gotas de cada esencia en 100 ml de agua caliente.

USO INTERNO

NARANJO AMARGO, MANZANILLA COMÚN, CILANTRO

Indicaciones: *nerviosismo, irritación.*

POSOLOGÍA
Tomar tres gotas de una de las esencias indicadas en cualquier bebida escogida, alternándola con las otras por tres o seis veces durante los ataques de jaqueca.

NEURALGIA FACIAL

Sintomatología dolorosa por irritación del ganglio geniculado o del trigémino.

USO EXTERNO

ALCANFOR, GERANIO, TOMILLO

Modalidad de uso: compresas en la zona dolorida.

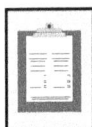

POSOLOGÍA
Se vierten tres gotas de cada esencia en 100 ml de agua caliente y se aplica la compresa cubriéndola con una toalla caliente y fijándola encima de la zona dolorida durante por lo menos dos horas.

USO INTERNO

MANZANILLA COMÚN

Indicaciones: neuralgias faciales de cualquier tipo, jaqueca.

POSOLOGÍA
Se toman gotas de esencia en una bebida escogida, tres veces al día y durante toda la duración de la crisis.

OJOS ENROJECIDOS O INFLAMADOS

Molestia debida a muchas y diferentes causas, de naturaleza infecciosa o inflamatoria; casi siempre se desarrolla a partir de la exposición a agentes externos irritantes (luz, viento, polvo, utilización prolongada de ordenadores, etc.).

USO EXTERNO

CIDRONELA, NEROLÍ, ROSA

Modalidad de uso: aplicación de compresas.

POSOLOGÍA
Se diluyen gotas de cada esencia en 100 ml de agua fría y se aplica encima de los ojos durante algunos minutos una compresa empapada de líquido; se retira en cuanto se caliente y se repite la operación tres o cuatro veces hasta agotar el líquido. Se sigue con las aplicaciones dos veces al día.

BOCA Y DIENTES

ABSCESO DENTAL

Masa de pus localizada encima del margen del alveolo dental, causada por flogosis de los tejidos blandos del parodoncio y del hueso alveolar.

USO EXTERNO

ESPLIEGO, LIMÓN

Modalidad de uso: enjuagues.

POSOLOGÍA
Se hacen tres enjuagues al día con dos gotas de cada esencia en 200 ml de agua tibia, lejos de las comidas y practicando una correcta higiene bucal. Se continúa con la terapia durante algunos días después de la desaparición del absceso.

USO INTERNO

CANELA DE CEILÁN, CLAVEL DE ZANZÍBAR, NIAULI

Indicaciones: dolor de dientes, gingivitis.

POSOLOGÍA
Se toma una gota de cada esencia tres veces al día en una bebida escogida. Se continúa la terapia durante algunos días después de la eliminación del absceso.

CARIES DENTAL

Proceso de erosión destructiva del tejido óseo dental. Se puede determinar por un factor orgánico distrófico, un factor externo, químico, parasitario o enzimático.

USO EXTERNO

1. ESPLIEGO, LIMÓN
2. ALCANFOR, CLAVEL DE ZANZÍBAR

Modalidad de uso: enjuagues

POSOLOGÍA
Se hacen tres enjuagues diarios con las dos parejas de esencias indicadas, a días alternos, utilizando dos gotas de cada esencia en 200 ml de agua tibia. Se continúa el tratamiento lejos de las comidas, al final de las cuales es necesario realizar una correcta higiene bucal.

USO INTERNO

CANELA DE CEILÁN, CLAVEL DE ZANZÍBAR, NIAULI

Indicaciones: dolor de dientes, gingivitis.

POSOLOGÍA
Se toma una gota de cada esencia en una bebida elegida, tres veces al día.

DOLORES DENTALES

Las causas de esta molestia pueden ser diferentes y son de todas formas de competencia odontológica. La utilización de los aceites esenciales contribuye en este caso a aliviar la sintomatología dolorosa.

USO EXTERNO

CLAVEL DE ZANZÍBAR

Modalidad de uso: aplicaciones locales.

POSOLOGÍA
Se diluyen algunas gotas de esencia en una cucharadita de agua, se empapa un poco de algodón y se aplica directamente encima del diente.

ALCANFOR, MENTA PIPERITA

Modalidad de uso: enjuagues.

POSOLOGÍA
Se hacen los enjuagues, según las necesidades específicas, con dos gotas de cada esencia en 200 ml de agua tibia.

NOTA

Se aconseja hacer los enjuagues en el caso en el que la aplicación directa de la esencia de clavel no haya proporcionado alivio al cabo de unos 5 o 10 minutos.

ENCÍAS ENROJECIDAS E INFLAMADAS

Se debe a diferentes causas (tóxicas, bacterianas, sarro, etc.); puede degenerar en gingivitis. Es necesaria una escrupulosa higiene diaria.

USO EXTERNO

LIMÓN, SALVIA

Modalidad de uso: enjuagues

POSOLOGÍA
Se hacen tres enjuagues diarios con dos gotas de cada esencia en 200 ml de agua tibia, lejos de las comidas y observando al mismo tiempo una escrupulosa higiene oral.

ENCÍAS SANGRANTES

La pérdida gingival de sangre es a menudo síntoma de una gingivitis. Las causas son de diferente naturaleza (bacterianas, tóxicas, constitucionales, etc.), pero se deben a una higiene deficiente de los dientes y la boca.

USO EXTERNO

MENTA PIPERITA, SALVIA

Modalidad de uso: enjuagues.

POSOLOGÍA
Se hacen tres enjuagues diarios con dos gotas de cada esencia en 200 ml de agua tibia, lejos de las comidas y con una buena higiene oral.

NOTA

Un excelente método para prevenir infecciones bacterianas es el de hacer periódicamente unos enjuagues con agua salada mezclada con agua oxigenada al 3 %.

ESTOMATITIS

Inflamación edematosa de la mucosa bucal con halitosis, excesiva salivación, quemazón, acidez, masticación dolorosa o a consecuencia del consumo de comidas agrias o picantes. Puede ser causada por mala higiene oral, caries, sarro, prótesis inadecuadas, enfermedades infecciosas o exantemáticas, desórdenes gastrointestinales...

USO EXTERNO

1. EUCALIPTO, ROSA
2. ROMERO, TOMILLO

Modalidad de uso: *enjuagues.*

POSOLOGÍA
Se hacen enjuagues tres veces al día con las dos parejas de esencias, a días alternos, utilizando tres gotas de cada esencia en 200 ml de agua tibia. Se sigue el tratamiento lejos de las comidas y se observa una buena higiene oral.

USO INTERNO

SALVIA

Indicaciones: *inflamaciones y úlceras de la mucosa.*

POSOLOGÍA
Se toman cuatro gotas de esencia en una bebida elegida, tres veces al día.

NOTA

El aceite esencial de salvia tiene un efecto tónico general y desarrolla una importante acción antiséptica y antiespástica.

GINGIVITIS

Proceso inflamatorio, agudo o crónico, localizado en las encías. Esta molestia no se debe infravalorar ya que puede llevar a la pérdida de los dientes afectados por la flogosis peridental. Una de las formas que se detectan con más frecuencia es la *gingivitis crónica descamativa*, caracterizada por la descamación del epitelio gingival con exposición del tejido conjuntivo subyacente, que es muy sensible y que sangra muy fácilmente; la encía presenta un color rojo azulado con algunas ulceraciones puntiformes.

USO EXTERNO

1. CANELA DE CEILÁN, SALVIA
2. LIMÓN, MENTA PIPERITA

Modalidad de uso: *enjuagues.*

POSOLOGÍA
Se hacen tres enjuagues diarios con las dos parejas indicadas, a días alternos, utilizando dos gotas de cada esencia en 200 ml de agua tibia. Se procede al enjuague lejos de las comidas, después de las cuales es necesario observar una completa higiene bucal.

USO INTERNO

ALCANFOR, CLAVEL DE ZANZÍBAR, NIAULI

Indicaciones: *inflamaciones de la boca y de las encías.*

POSOLOGÍA
Se toma una gota de cada esencia en una bebida escogida, tres veces al día.

GLOSITIS

Inflamación, aguda o crónica, de la lengua, con posibilidad de extensión a las mejillas y al paladar, especialmente en sujetos femeninos de mediana edad. Se puede complicar con aftas vesiculosas y pustulosas.

USO EXTERNO

1. LIMÓN, ROSA
2. SALVIA, TOMILLO

Modalidad de uso: enjuagues.

POSOLOGÍA
Se hacen tres enjuagues diarios con las dos parejas de esencias indicadas, a días alternos, utilizando tres gotas de cada esencia en 200 ml de agua tibia.

USO INTERNO

1. CAYEPUT, LIMÓN
2. EUCALIPTO, CLAVEL DE ZANZÍBAR

Indicaciones: inflamaciones bucales.

POSOLOGÍA
Se toma una gota de cada esencia en una bebida escogida, tres veces al día. Se utilizan las dos parejas de esencias indicadas en días alternos.

HALITOSIS

La halitosis, o mal aliento, es causada por la combinación del aire espirado con compuestos malolientes procedentes de los aparatos respiratorio y digestivo superior. Puede depender de desórdenes o patologías de la cavidad oral, o de comidas ingeridas, pero puede ser un indicio de una enfermedad seria broncopulmonar, gastroentérica o neurológica.

En el primer caso, la halitosis es *sencilla*, sobre todo si es provocada por desórdenes o mala higiene de la cavidad bucal: para eliminar la molestia es suficiente practicar enjuagues diarios con efecto desodorante y astringente. En el caso de halitosis *relacionada con una enfermedad degenerativa*, será necesario tomar por vía interna, siguiendo la cura durante un mes como mínimo, la esencia más adecuada para las molestias funcionales orgánicas de las cuales padece el sujeto afectado por halitosis.

USO EXTERNO

1. ESPLIEGO, MENTA PIPERITA
2. NUEZ MOSCADA, TOMILLO

Modalidad de uso: enjuagues.

POSOLOGÍA
Se practican tres enjuagues al día, lejos de las comidas y observando una escrupulosa higiene oral, con dos gotas de cada esencia en 200 ml de agua tibia. Se utilizan los dos pares de esencias indicados en días alternos.

USO INTERNO

ALBAHACA

Indicaciones: halitosis fétida, inflamaciones bucales crónicas, enfisema, bronquiectasia.

(Continúa)

COMINO

Indicaciones: dispepsia nerviosa, espasmos gástricos, aerofagia, meteorismo, parasitosis.

ENEBRO

Indicaciones: halitosis fétida, digestión lenta, fermentación intestinal, bajón energético.

HINOJO

Indicaciones: halitosis crónica, atonía gástrica, litiasis urinaria y/o biliar.

LIMÓN

Indicaciones: úlcera péptica, náuseas, vómitos, congestión hepática, gases intestinales.

MENTA PIPERITA

Indicaciones: halitosis por dispepsia, espasmos gástricos, hepatosis, cálculos biliares, cólicos.

NARANJO AMARGO

Indicaciones: mala digestión, flatulencia fétida, diarrea.

NUEZ MOSCADA

Indicaciones: halitosis y dispepsia habituales, cálculos biliares, menstruación irregular.

POSOLOGÍA
Se toman tres gotas de la esencia más adecuada en una bebida elegida, tres veces al día, siguiendo la cura durante un mes.

PIORREA ALVEOLAR PURULENTA O DISTRÓFICA

Forma de periodontitis crónica con lesiones progresivas inflamatorias, purulentas y degenerativas. El fenómeno más evidente es la secreción de pus de los alveolos dentales, con osteoperiostitis y expulsión final de los dientes. Existe también una forma de piorrea en la que prevalece la distrofia regresiva del parodoncio sin formación de pus.

USO EXTERNO

GERANIO, MENTA PIPERITA

Modalidad de uso: enjuagues.

POSOLOGÍA
Se procede al enjuague tres veces al día lejos de las comidas, con tres gotas de cada esencia en 200 ml de agua tibia.

USO INTERNO

ESPLIEGO, MEJORANA

Indicaciones: inflamaciones de la boca, neuralgias dentales.

POSOLOGÍA
Se toman dos gotas de cada esencia en una bebida elegida, tres veces al día.

NOTA

Los aceites esenciales de espliego y mejorana desarrollan una potente acción bactericida.

OÍDOS, NARIZ Y GARGANTA

ACÚFENOS

Sensaciones acústicas (zumbidos, palpitaciones, etc.) continuas o discontinuas, no causadas por estímulos exteriores y a menudo provocadas por una lesión del aparato auditivo y laberíntico. Pueden ser también de origen nervioso y psicosomático.

USO EXTERNO

CAYEPUT, LIMÓN

Modalidad de uso: aplicaciones locales.

POSOLOGÍA
Por la mañana y por la tarde se introduce en la cavidad auricular un trozo de algodón empapado con dos gotas de cada esencia diluidas en agua tibia.

AMIGDALITIS

Inflamación, aguda o crónica, de las amígdalas, con sensación de constricción, dificultad de deglución y fiebre.

USO EXTERNO

LIMÓN, MENTA PIPERITA

Modalidad de uso: enjuagues y gárgaras de la faringe.

POSOLOGÍA
Se utilizan tres gotas de cada esencia en 200 ml de agua tibia, tres veces al día.

ORÉGANO COMÚN, SALVIA

Modalidad de uso: compresas calientes encima de la garganta.

POSOLOGÍA
Se utilizan cinco gotas de cada esencia en 100 ml de agua caliente, tres veces al día.

USO INTERNO

MEJORANA, NIAULI

Indicaciones: vías respiratorias.

POSOLOGÍA
Se toman tres gotas de cada esencia en una bebida elegida, tres veces al día.

NOTA

El aceite de mejorana es antibacteriano y antiespástico, mientras que el de niauli tiene un efecto antiséptico y balsámico.

ANGINA CATARRAL

Inflamación aguda o crónica de las amígdalas y del anillo linfático faríngeo. Puede corresponder a *faringitis*, *amigdalitis* o *faringoamigdalitis*. La sintomatología de todas estas formas se manifiesta con una sensación de constricción dolorosa de la garganta, congestión difundida de la mucosa, dificultad de deglución, fiebre, malestar, dolor en los ganglios linfáticos submandibulares y cervicales.

USO EXTERNO
CANELA DE CEILÁN, ROSA

Modalidad de uso: *compresas calientes encima de la garganta.*

POSOLOGÍA
Se aplican tres compresas diarias con cinco gotas de cada esencia en 100 ml de agua caliente.

LIMÓN, SALVIA

Modalidad de uso: *enjuagues y gárgaras de la faringe.*

POSOLOGÍA
Se utilizan tres gotas de cada esencia en 200 ml de agua tibia, tres veces al día.

USO INTERNO
EUCALIPTO

Indicaciones: *afecciones de las vías respiratorias.*

POSOLOGÍA
Se toman cuatro gotas de esencia en una bebida elegida, tres veces al día y durante todo el periodo de la inflamación.

NOTA

El aceite esencial de eucalipto desarrolla una enérgica acción antiséptica, bactericida y antipirética.

DOLORES AURICULARES

La sintomatología dolorosa del oído puede depender de diferentes causas, entre las cuales las más frecuentes son forunculosis, otitis, otomicosis y otoesclerosis.

USO EXTERNO
AJO, CAYEPUT

Modalidad de uso: *aplicaciones locales.*

POSOLOGÍA
Dos veces al día, por la mañana y por la tarde, se introduce en la cavidad auricular un trocito de algodón empapado con dos gotas de cada esencia diluidas en agua tibia.

USO INTERNO
MANZANILLA COMÚN O ROMANA

Indicaciones: *neuralgias auriculares.*

POSOLOGÍA
Se toman cuatro gotas de esencia en una bebida elegida, tres veces al día.

FARINGITIS

Inflamación, aguda o crónica, de la faringe, casi siempre causada por el frío, que se manifiesta con quemazón y picor de garganta, tos seca y continuada.

USO EXTERNO

EUCALIPTO, SALVIA

Modalidad de uso: enjuagues y gárgaras de la faringe.

POSOLOGÍA
Se utilizan tres gotas de cada esencia en 200 ml de agua tibia, tres veces al día.

ESPLIEGO, ROMERO

Modalidad de uso: compresas calientes encima de la garganta.

POSOLOGÍA
Se aplican tres compresas al día con cinco gotas de cada esencia en 100 ml de agua caliente.

USO INTERNO

CAYEPUT

Indicaciones: faringitis crónica.

POSOLOGÍA
Se toman tres gotas de esencia en una bebida elegida, tres veces al día.

PINO SILVESTRE

Indicaciones: afecciones de la garganta.

POSOLOGÍA
Se toman tres gotas de esencia en una bebida elegida, tres veces al día.

LARINGITIS

Inflamación de la laringe, órgano de la fonación, que se puede manifestar en diferentes formas: *catarral aguda*, la más frecuente y benigna; *catarral crónica*, con ronquera hasta la completa afonía; espasmódica o *laringitis estridulosa*, caracterizada por dificultad respiratoria causada por espasmo laríngeo.

USO EXTERNO

ENEBRO, ORÉGANO COMÚN

Modalidad de uso: compresas calientes.

POSOLOGÍA
Se aplican dos compresas al día con cinco gotas de cada esencia en 100 ml de agua caliente.

ESPLIEGO

Modalidad de uso: inhalaciones o vahos.

POSOLOGÍA
Se utilizan diez gotas de esencia en medio tazón de agua caliente, dos veces al día.

(Continúa)

EUCALIPTO

Indicaciones: *laringitis catarral aguda o crónica con ronquera.*

Modalidades de uso: *inhalaciones o vahos.*

POSOLOGÍA
Utilizar diez gotas de esencia en medio tazón de agua caliente, dos veces al día.

MENTA PIPERITA, TOMILLO

Modalidad de uso: *enjuagues, gárgaras.*

POSOLOGÍA
Se utilizan dos gotas de cada esencia en 200 ml de agua tibia, dos veces al día.

USO INTERNO
CAYEPUT

Indicaciones: *laringitis (también faringitis) crónica.*

NIAULI

Indicaciones: *laringitis catarral aguda.*

SALVIA

Indicaciones: *laringitis estridulosa.*

POSOLOGÍA
Se toma una gota de cada esencia en una bebida elegida, tres veces al día.

OTITIS INTERNA

Inflamación del oído, aguda o crónica, determinada por diferentes agentes patógenos y caracterizada principalmente por disminución de la audición y alteración del equilibrio.

USO INTERNO
CAYEPUT, CANELA DE CEILÁN

Modalidad de uso: *aplicaciones locales.*

POSOLOGÍA
Dos veces al día, por la mañana y por la tarde, se introduce en la cavidad auricular un poco de algodón empapado con dos gotas de cada esencia diluidas en agua tibia.

USO INTERNO
MANZANILLA COMÚN, MELISA

Indicaciones: *neuralgias auriculares.*

POSOLOGÍA
Se toman dos gotas de cada esencia en una bebida elegida, tres veces al día.

PAROTITIS, PAPERAS

Enfermedad infecciosa aguda y contagiosa que afecta a las parótidas y a veces también a otras glándulas salivales. Frecuente en los niños, se manifiesta con tumefacción y dolor en la región parotídea, fiebre baja, masticación dolorosa y escasa salivación.

USO EXTERNO

MANZANILLA, EUCALIPTO, GERANIO

Modalidad de uso: aplicaciones locales.

POSOLOGÍA
Dos veces al día, por la mañana y por la tarde, se introduce en la cavidad auricular un poco de algodón empapado con dos gotas de esencia de manzanilla, dos de geranio y una de eucalipto, diluidas en agua tibia.

USO INTERNO

EUCALIPTO

Indicaciones: afecciones del oído y de las vías aéreas superiores.

POSOLOGÍA
Se toman cuatro gotas de esencia en una bebida elegida, tres veces al día.

RINITIS, RESFRIADO

Enfermedad respiratoria aguda local, caracterizada por ausencia de fiebre, sequedad nasal y epifaríngea, estornudos frecuentes, lagrimeo, ligera cefalea con pesadez y aturdimiento o astenia.

USO EXTERNO

ALCANFOR, MEJORANA, PINO SILVESTRE

Modalidad de uso: inhalaciones o vahos.

POSOLOGÍA
Se utilizan cuatro gotas de cada esencia en media cubeta de agua caliente, tres veces al día.

ENEBRO, LIMÓN

Modalidad de uso: compresas calientes encima de los músculos doloridos.

POSOLOGÍA
Se aplican tres compresas diarias con cinco gotas de cada esencia en 100 ml de agua caliente.

MENTA PIPERITA, ORÉGANO COMÚN

Modalidad de uso: enjuagues y gárgaras.

POSOLOGÍA
Se utilizan dos gotas de cada esencia en 200 ml de agua tibia, tres veces al día.

USO INTERNO

EUCALIPTO

Indicaciones: afecciones de las vías respiratorias.

POSOLOGÍA
Se toman cuatro gotas de esencia en una bebida elegida, tres veces al día y hasta la desaparición de la molestia.

RINOSINUSITIS

Inflamación, aguda o crónica, de los senos paranasales que se manifiesta con crisis periódicas o continuas. La causa es alérgica, bacteriana o vírica; las formas mixtas son las más comunes.

USO EXTERNO
EUCALIPTO

Modalidad de uso: inhalaciones.

POSOLOGÍA
Se utilizan diez gotas de esencia en media cubeta de agua caliente, dos veces al día.

MANZANILLA COMÚN

Modalidad de uso: compresas calientes.

POSOLOGÍA
Indicaciones: aerofagia, aerocolia, fermentación intestinal, nerviosismo.

USO INTERNO
MENTA PIPERITA, NIAULI, PINO SILVESTRE

Indicaciones: afecciones respiratorias y sinusales.

POSOLOGÍA
Se toman tres gotas de cada esencia en la bebida escogida, distribuyéndolas en tres tomas diarias: menta piperita por la mañana, niauli al mediodía y pino silvestre por la noche.

RONQUERA, AFONÍA

Bajón de la voz debido a la inflamación de la mucosa laríngea o a esfuerzos vocales, que puede llegar hasta la completa desaparición *(afonía)*.

USO EXTERNO
EUCALIPTO, ENEBRO

Modalidad de uso: compresas calientes encima de la garganta.

POSOLOGÍA
Se aplican dos compresas diarias con cinco gotas de cada esencia en 100 ml de agua caliente.

ORÉGANO COMÚN, ROMERO

Modalidad de uso: baños de pies calientes.

POSOLOGÍA
Se utilizan cinco gotas de cada esencia en una cubeta de agua caliente, dos veces al día.

PINO SILVESTRE

Modalidad de uso: inhalaciones o vahos.

POSOLOGÍA
Se utilizan diez gotas de esencia en media cubeta de agua caliente, dos veces al día.

PIEL

ACNÉ JUVENIL

Afección cutánea que afecta al folículo piloso y a las glándulas sebáceas. Es frecuente durante la adolescencia y se caracteriza por elementos eruptivos como comedones, pápulas, pústulas, nódulos y quistes.

USO EXTERNO

CIDRONELA, GERANIO

Modalidad de uso: compresas calientes.

POSOLOGÍA
Se aplica una compresa diaria con cinco gotas de cada esencia en 100 ml de agua caliente.

MANZANILLA COMÚN, ESPLIEGO

Modalidad de uso: baños aromáticos.

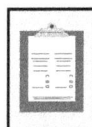

POSOLOGÍA
Se utilizan diez gotas de cada esencia en el agua del baño.

NOTA

Otros aceites esenciales para utilizar en los baños aromáticos: *alcanfor, cidronela, geranio* (cinco gotas de cada esencia). Para las compresas calientes, alternar las esencias indicadas con *alcanfor* y *espliego*.

USO INTERNO

CAYEPUT

Indicaciones: acné doloroso, infectado.

ENEBRO

Indicaciones: abuso de dulces y/o hiperglucemia

POSOLOGÍA
Se toman tres gotas de la esencia más indicada en una bebida elegida, tres veces al día.

ACNÉ ROSÁCEA

Dermatosis eritematosa, congestiva, crónica, que se manifiesta con formación de pústulas de tipo acneico y con teleangectasias o dilatación de los pequeños vasos cutáneos. En la mujer la molestia aparece más frecuentemente en la cara en forma de finas arborescencias sinuosas rojo vivo o rojo azuladas, que desaparecen temporalmente bajo presión. La enfermedad tiene evolución progresiva y no se resuelve nunca espontáneamente.

USO EXTERNO

CIDRONELA, ENEBRO

Modalidad de uso: compresas calientes.

POSOLOGÍA
Se aplica una compresa diaria con cinco gotas de cada esencia en 100 ml de agua caliente.

MANZANILLA COMÚN, ESPLIEGO

Modalidad de uso: baños aromáticos.

POSOLOGÍA
Se utilizan diez gotas de cada esencia en el agua del baño.

NOTA

Otros aceites esenciales para utilizar externamente: *cayeput, alcanfor, limón, nerolí.*

ARRUGAS

Surcos que se forman en la superficie cutánea, particularmente en la cara y el cuello, a causa de la progresiva atrofia del tejido conjuntivo subcutáneo, relacionada con el proceso fisiológico de envejecimiento y de contracción de los músculos subyacentes.

USO EXTERNO

ESPLIEGO, LIMÓN

Modalidad de uso: baños aromáticos.

POSOLOGÍA
Se utilizan doce gotas de cada esencia en el agua del baño.

JAZMÍN, MENTA PIPERITA

Modalidad de uso: compresas calientes.

POSOLOGÍA
Se aplica una compresa diaria con cinco gotas de cada esencia en 100 ml de agua caliente.

NOTA

Otros aceites esenciales para utilizar externamente: *alcanfor, nerolí, pachulí, rosa, salvia, sándalo.*

CAPILARES ROTOS

Los capilares son finísimos vasos sanguíneos a través de los cuales se efectúan los intercambios de oxígeno, anhídrido carbónico y sustancias nutritivas o de desecho entre la sangre circulante y los tejidos. En algunas personas, sobre todo mujeres con cutis pálido y fino, los capilares a menudo son propensos a rotura espontánea o al mínimo roce.

USO EXTERNO

CIPRÉS, ESPLIEGO

Modalidad de uso: compresas calientes.

POSOLOGÍA
Se aplica una compresa al día con cinco gotas de cada esencia en 100 ml de agua caliente.

MANZANILLA COMÚN, LIMÓN

Modalidad de uso: baños aromáticos.

POSOLOGÍA
Se utilizan diez gotas de cada esencia en el agua del baño.

CONTUSIONES, EQUIMOSIS, CARDENALES

Manchas violeta o rojo o azuladas causadas por infiltración de sangre en los tejidos, la mayoría de las veces por causas traumáticas.

USO EXTERNO

HINOJO DULCE, ORÉGANO COMÚN

Modalidad de uso: baños aromáticos.

POSOLOGÍA
Se utilizan diez gotas de cada esencia en el agua del baño.

HISOPO, SALVIA

Modalidad de uso: compresas calientes.

POSOLOGÍA
Se aplica una compresa al día con cinco gotas de cada esencia en 100 ml de agua caliente.

NOTA

Otros aceites esenciales para utilizar externamente: *caléndula, alcanfor, canela de Ceilán.*

ENVEJECIMIENTO CUTÁNEO

Proceso degenerativo del cutis que se manifiesta con el paso del tiempo y se caracteriza por la progresiva atrofia de los tejidos y la aparición de surcos cutáneos (arrugas).

USO EXTERNO

NARANJO AMARGO, MANZANILLA ROMANA, LIMÓN, SALVIA

Modalidad de uso: compresas o baños de esponja calientes.

POSOLOGÍA
Se aplican tres compresas al día, durante 15-20 minutos, utilizando dos gotas de cada esencia en 100 ml de agua caliente.

HERIDAS, LLAGAS

Lesiones traumáticas, más o menos superficiales o profundas, que pueden preocupar por la posibilidad de infecciones u otras complicaciones.

USO EXTERNO

AJO, AJEDREA DE MONTAÑA, TOMILLO

Modalidad de uso: compresas calientes.

POSOLOGÍA
Se aplica una compresa diaria con cinco gotas de cada esencia en 150 ml de agua caliente.

MANZANILLA COMÚN, EUCALIPTO, ESPLIEGO

Modalidad de uso: baños aromáticos.

POSOLOGÍA
Se utilizan diez gotas de cada esencia en el agua del baño.

NOTA

Otros aceites esenciales para utilizar externamente: *alcanfor, geranio, enebro, hisopo y romero.*

PIEL DELICADA Y SENSIBLE

Hipersensibilidad cutánea que expone la piel, sobre todo la de la cara, a una mayor vulnerabilidad hacia los agentes externos, con reacciones incluso de tipo alérgico.

USO EXTERNO

JAZMÍN, NEROLÍ, ROSA

Modalidad de uso: compresas calientes.

POSOLOGÍA
Se vierten tres gotas de cada esencia en 100 ml de agua caliente, se mezclan y se limpia la cara con una gasa empapada de líquido; se aplica durante diez minutos tres veces al día una compresa empapada en el mismo líquido.

PIEL GRASA CON POROS DILATADOS

Antiestética alteración cutánea debida a un aumento patológico de la secreción sebácea. El cutis se presenta excesivamente graso y untoso y tiende fácilmente a estados inflamatorios, como el acné y el eccema seborreico.

USO EXTERNO

ENEBRO, ESPLIEGO, LIMÓN

Modalidad de uso:
compresas calientes.

POSOLOGÍA
Se vierten tres gotas de cada esencia en 100 ml de agua caliente, se mezclan y se limpia la cara con una gasa empapada en líquido; se aplica durante diez minutos, tres veces al día, una compresa empapada en el mismo líquido.

PIEL SECA Y AGRIETADA

Antiestética alteración cutánea caracterizada por sequedad y deshidratación de la epidermis de la cara, que tiende a agrietarse fácilmente y a la formación precoz de arrugas.

USO EXTERNO

MANZANILLA COMÚN, GERANIO, SÁNDALO

Modalidad de uso:
compresas calientes.

POSOLOGÍA
Se vierten tres gotas de cada esencia en 100 ml de agua caliente, se mezclan y se limpia la cara con una gasa empapada de líquido; se aplica durante diez minutos, tres veces al día, una compresa empapada del mismo líquido.

USTIONES, QUEMADURAS

Lesiones provocadas por la acción del calor, cuya gravedad varía en relación con su profundidad y extensión. Son superficiales si afectan sólo a la epidermis, pero si llegan también a la dermis y al tejido conjuntivo subcutáneo pueden ir acompañadas por *shock* y diversas alteraciones, y pueden causar infecciones.

USO EXTERNO

CALÉNDULA, ESPLIEGO

Modalidad de uso:
compresas calientes.

POSOLOGÍA
Se aplica una compresa al día con cinco gotas de cada esencia en 100 ml de agua caliente.

NOTA

Otros aceites esenciales para utilizar externamente: *alcanfor, eucalipto, geranio, romero.*

ASMA BRONQUIAL

Enfermedad caracterizada por hiperactividad bronquial, disnea paroxística, catarro denso y viscoso, tos seca y continuada, imperiosa necesidad de aire. Puede ser causada por alergia a determinadas sustancias (polvo, polen, etc.) o alimentos (fresas, leche, etc.), pero a veces es de origen no alérgico.

USO EXTERNO

1. AJO, ROMERO
2. HISOPO, ESPLIEGO

Indicaciones: asma, enfisema, profilaxis de las afecciones pulmonares.

POSOLOGÍA
Se toman a semanas alternas, tres veces al día, las parejas de esencias indicadas, diluyendo tres gotas de cada esencia en una bebida elegida. Se sigue alternando hasta la desaparición de los ataques asmáticos.

NOTA

La que se propone aquí es una cura radical que se basa en esencias aromáticas con acción antiséptica y antibacteriana pulmonar y con propiedad antiespástica bronquial.

BRONQUITIS AGUDA

Inflamación de los bronquios de origen microbiano o viral o causada por sustancias corpusculares irritantes. Se manifiesta con tos primero seca y después blanda, con expectoración purulenta, fiebre y otras molestias generales, especialmente en las formas virales, y signos de inflamación en las vías aéreas primarias.

USO EXTERNO

ALBAHACA, PINO SILVESTRE

Modalidad de uso: compresas calientes encima del pecho.

POSOLOGÍA
Se aplican dos compresas diarias con cinco gotas de cada esencia en 100 ml de agua caliente.

USO INTERNO

ALCANFOR

Indicaciones: debilidad general.

HISOPO

Indicaciones: dificultades respiratorias, catarro con expectoración difícil.

TOMILLO

Indicaciones: tos.

POSOLOGÍA
Se toma una gota de cada esencia en una bebida elegida, tres veces al día.

BRONQUITIS CRÓNICA

Inflamación de los bronquios caracterizada por hipersecreción crónica de la mucosa bronquial, a menudo viscosa y densa, adherente a las paredes, y por tos y expectoración diaria, durante, por lo menos, tres meses al año durante dos años.

USO EXTERNO
EUCALIPTO, MENTA PIPERITA

Modalidad de uso: *baños aromáticos.*

POSOLOGÍA
Se utilizan doce gotas de cada esencia en el agua del baño.

HISOPO, NIAULI

Modalidades de uso: *inhalaciones o vahos.*

POSOLOGÍA
Se utilizan cinco gotas de cada esencia en media cubeta de agua caliente, dos veces al día.

USO INTERNO
ANÍS VERDE

Indicaciones: *constricción bronquial, asma, taquicardia.*

CIPRÉS

Indicaciones: *afonía, ronquera, catarro.*

NEROLÍ

Indicaciones: *espasmos cardiacos, taquicardia, nerviosismo.*

POSOLOGÍA
Se toma una gota de cada esencia en una bebida elegida, tres veces al día.

CATARRO

Secreción rica en moco (mucina) característica de las inflamaciones de las membranas mucosas.

USO EXTERNO
MENTA PIPERITA, NIAULI

Modalidad de uso: *compresas calientes encima del pecho.*

POSOLOGÍA
Se aplican dos compresas diarias con cinco gotas de cada esencia en 100 ml de agua caliente.

PINO SILVESTRE

Modalidades de uso: *inhalaciones o vahos.*

POSOLOGÍA
Se utilizan cinco gotas de cada esencia en media cubeta de agua caliente, dos veces al día.

USO INTERNO
HISOPO

Indicaciones: *dificultades respiratorias, catarro con expectoración difícil.*

POSOLOGÍA
Se toman tres gotas de esencia en una bebida elegida, tres veces al día.

DIGESTIÓN DIFÍCIL

Molestia frecuente y enojosa, que puede volverse insoportable. La alteración patológica que origina la dificultad de digestión puede estar localizada en el estómago, por un exceso de motilidad y de secreciones (dispepsia hiperesténica, con quemazón, acidez, dolor epigástrico con calambres) o por defecto de las mismas (dispepsia hiposténica, con pesadez epigástrica después de comer, digestión larga y dificultosa, acompañada de lento vaciado gástrico). Puede ser localizada también en el intestino delgado, a causa de alteraciones de secreción y motoras del hígado, del páncreas y de las glándulas intestinales.

USO EXTERNO

ALBAHACA, CILANTRO, MELISA

Modalidad de uso: *baños aromáticos.*

POSOLOGÍA
Se utilizan ocho gotas de cada esencia en el agua del baño.

MELISA, ORÉGANO COMÚN

Modalidad de uso: *compresas calientes en la zona epigástrica.*

POSOLOGÍA
Se aplican dos compresas diarias con diez gotas de cada esencia en 100 ml de agua caliente.

USO INTERNO

AJEDREA DE MONTAÑA

Indicaciones: *atonía gastrointestinal, digestión difícil, fermentación.*

POSOLOGÍA
Se toman después de cenar tres gotas de cada esencia en una bebida elegida.

ANÍS VERDE

Indicaciones: *jaqueca causada por dificultad de digestión, hinchazón gástrica.*

POSOLOGÍA
Se toman en cuanto se necesite tres gotas de esencia en una bebida elegida.

COMINO DE PRADO

Indicaciones: *dispepsia nerviosa, espasmos gástricos.*

POSOLOGÍA
Se toman después del desayuno tres gotas de esencia en una bebida elegida.

MANZANILLA COMÚN

Indicaciones: *calambres gástricos e intestinales, desgana.*

POSOLOGÍA
Se toman, después de comer, tres gotas de esencia en una bebida elegida.

DOLORES GASTROINTESTINALES

Los dolores de este tipo más frecuentes están generalmente relacionados con espasmos viscerales causados por mala digestión o por un funcionamiento gástrico e intestinal alterado. Pueden estar acompañados de halitosis, aerofagia, meteorismo, ardores del esófago y gástricos, molestias en la vejiga biliar, estipsis, diarrea.

USO EXTERNO

AJEDREA DE MONTAÑA, TOMILLO

Modalidad de uso: *masajes abdominales.*

POSOLOGÍA
Se utilizan ocho gotas de cada esencia en el agua del baño.

CANELA DE CEILÁN, COMINO DE PRADO, HISOPO

Modalidad de uso: *baños aromáticos.*

POSOLOGÍA
Se utilizan ocho gotas de cada esencia en el agua del baño.

MELISA, ROMERO

Modalidad de uso: *compresas calientes en la zona epigástrica.*

POSOLOGÍA
Se aplican dos compresas diarias con diez gotas de cada esencia en 100 ml de agua caliente.

USO INTERNO

AJO

Indicaciones: *dolores abdominales.*

POSOLOGÍA
Se toman, en cuanto se necesite, tres gotas de esencia en una bebida elegida.

ALBAHACA

Indicaciones: *espasmos gástricos e intestinales por digestión difícil.*

POSOLOGÍA
Se toman, en cuanto se necesite, tres gotas de esencia en una bebida elegida.

CLAVEL DE ZANZÍBAR

Indicaciones: *espasmos intestinales, estados inflamatorios.*

POSOLOGÍA
Se toman después de comer tres gotas de esencia en una bebida elegida.

JENGIBRE

Indicaciones: *náusea, vómito.*

POSOLOGÍA
Se toman después del desayuno tres gotas de esencia en una bebida elegida.

MENTA PIPERITA

Indicaciones: *hinchazón, cólicos intestinales, diarrea.*

POSOLOGÍA
Se toman después de cenar tres gotas de esencia en una bebida elegida.

METEORISMO

Excesiva producción de gases en el tubo digestivo causada por diferentes disfunciones o alteraciones y acompañada sobre todo por una sensación de tensión abdominal, contracciones dolorosas y flatulencia.

USO EXTERNO

MANZANILLA COMÚN, COMINO DE PRADO, HISOPO

Modalidad de uso: baños aromáticos.

POSOLOGÍA
Se utilizan seis gotas de cada esencia en el agua del baño.

MEJORANA

Modalidad de uso: masajes abdominales.

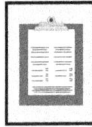

POSOLOGÍA
Se hace un masaje una vez al día con cinco gotas de esencia en una cucharadita de aceite de base.

NARANJO AMARGO, ALBAHACA

Modalidad de uso: compresas calientes encima de la zona epigástrica.

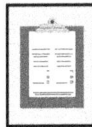

POSOLOGÍA
Se aplica una compresa al día con cinco gotas de esencia en 100 ml de agua caliente.

USO INTERNO

ANÍS VERDE

Indicaciones: aerofagia, aerocolia, fermentación intestinal, nerviosismo.

POSOLOGÍA
Tomar después de comer tres gotas de esencia en una bebida escogida.

HINOJO DULCE

Indicaciones: flatulencia, halitosis crónica, estreñimiento habitual.

POSOLOGÍA
Tomar después de comer tres gotas de esencia en una bebida escogida.

LIMÓN

Indicaciones: gases intestinales.

POSOLOGÍA
Tomar después de cenar tres gotas de esencia en una bebida escogida.

MOLESTIAS HEPATOBILIARES

Afecciones de diferente origen que actúan en el hígado y en la vesícula biliar; insuficiencia hepática, hepatitis, hepatismo, congestión hepatobiliar, colecistopatías.

USO EXTERNO

MANZANILLA COMÚN, LIMÓN, SALVIA

Modalidad de uso: baños aromáticos.

POSOLOGÍA
Se utilizan seis gotas de cada esencia en el agua del baño.

MENTA PIPERITA, ROMERO

Modalidad de uso: compresas calientes en la zona epigástrica.

POSOLOGÍA
Se aplica una compresa al día con cinco gotas de cada esencia en 100 ml de agua caliente.

TOMILLO

Modalidad de uso: masajes abdominales.

POSOLOGÍA
Masajear una vez al día con cinco gotas de esencia en una cucharadita de aceite de base.

USO INTERNO

MANZANILLA COMÚN

Indicaciones: colangitis, colecistitis, colelitiasis.

POSOLOGÍA
Se toman, en el momento en el que se necesite, tres gotas de esencia en una bebida elegida.

MENTA PIPERITA

Indicaciones: cálculos del hígado, litiasis biliar.

POSOLOGÍA
Se toman, en cuanto se necesite, tres gotas de esencia en una bebida elegida.

NARANJO AMARGO

Indicaciones: insuficiencia hepática, hepatitis, congestión hepatobiliar.

POSOLOGÍA
Se toman, después del desayuno, tres gotas de esencia en una bebida elegida.

ROMERO

Indicaciones: insuficiencia biliar.

POSOLOGÍA
Se toman, después de comer, tres gotas de esencia en una bebida elegida.

APARATO LOCOMOTOR

Los dolores articulares afectan generalmente o localmente al aparato osteoarticular o locomotor. Están relacionados con enfermedades reumáticas, con mesenquimopatías difundidas, o con molestias de las articulaciones específicas con síndromes dolorosos regionales. Afectan con mayor frecuencia a las articulaciones de hombro, codo, muñeca, caderas, rodilla y pie.

USO EXTERNO

CIDRONELA, ENEBRO

Modalidad de uso: *masajes.*

POSOLOGÍA
Masajear una vez al día con cinco gotas de cada esencia en una cucharadita de aceite de base.

EUCALIPTO, PINO SILVESTRE

Modalidad de uso: *baños de pies y de manos.*

POSOLOGÍA
Se utilizan cinco gotas de cada esencia en una cubeta de agua caliente.

MANZANILLA COMÚN, ESPLIEGO

Modalidad de uso: *baños aromáticos.*

POSOLOGÍA
Se utilizan doce gotas de cada esencia en el agua del baño.

MEJORANA, MENTA PIPERITA

Modalidad de uso: *compresas calientes.*

POSOLOGÍA
Se aplica una compresa al día encima de la zona dolorida con cinco gotas de cada esencia en 100 ml de agua caliente.

NOTA

Otros aceites esenciales para utilizar externamente: *caléndula, hinojo dulce, limón, salvia, tomillo.*

USO INTERNO

LIMÓN

Indicaciones: *artritis, reumatismos.*

POSOLOGÍA
Se toman después del desayuno tres gotas de esencia en una bebida.

SALVIA

Indicaciones: *dolores articulares y reumáticos.*

POSOLOGÍA
Se toman después de cenar tres gotas de esencia en una bebida.

DOLORES MUSCULARES

Están relacionados con enfermedades traumáticas debidas a esfuerzos, cansancio o desgaste. Inciden directamente en uno o más músculos, afectando al llamado *tejido muscular*, formado por elementos celulares alargados que tienen la propiedad de contraerse desarrollando un trabajo mecánico.

USO EXTERNO

ALBAHACA, ENEBRO, LIMÓN

Modalidad de uso: *masajes.*

POSOLOGÍA
Masajear una vez al día con cinco gotas de cada esencia en una cucharadita de aceite de base.

HISOPO, PINO SILVESTRE

Modalidad de uso: *baños de manos y de pies.*

POSOLOGÍA
Se utilizan cinco gotas de cada esencia en una cubeta de agua caliente.

MENTA PIPERITA, ORÉGANO COMÚN

Modalidad de uso: *baños aromáticos.*

POSOLOGÍA
Se utilizan doce gotas de cada esencia en el agua del baño.

ROMERO, TOMILLO

Modalidad de uso: *compresas calientes.*

POSOLOGÍA
Se aplica una compresa diaria encima de las zonas doloridas con cinco gotas de cada esencia en 100 ml de agua caliente.

NOTA

Otros aceites esenciales para utilizar externamente: *cidronela, eucalipto, lavanda, salvia.*

USO INTERNO

ENEBRO

Indicaciones: *dolores reumáticos difundidos.*

POSOLOGÍA
Se toman después de comer tres gotas de esencia en una bebida elegida.

ESPLIEGO

Indicaciones: *dolores, reumatismos, dislocaciones.*

POSOLOGÍA
Se toman después de cenar tres gotas de esencia en una bebida elegida.

EUCALIPTO

Indicaciones: *dolores musculares en las formas artríticas reumatoides.*

POSOLOGÍA
Se toman después de desayunar tres gotas de esencia en una bebida elegida.

DOLORES ÓSEOS

En el sistema osteoarticular, están a menudo relacionados con dolores articulares y musculares o con los dos. Las molestias típicamente óseas se relacionan con enfermedades o molestias que afectan directamente a los huesos, por falta o alteración de sus componentes.

USO EXTERNO

ENEBRO, LIMÓN

Modalidad de uso: *masajes.*

POSOLOGÍA
Masajear una vez al día con cinco gotas de cada esencia en una cucharadita de aceite de soporte.

EUCALIPTO, PINO SILVESTRE

Modalidad de uso: *baños de manos y de pies.*

POSOLOGÍA
Utilizar cinco gotas de cada esencia en una cubeta de agua caliente.

MANZANILLA COMÚN, MELISA

Modalidad de uso: *baños aromáticos.*

POSOLOGÍA
Se utilizan doce gotas de cada esencia en el agua del baño.

MEJORANA, MENTA PIPERITA

Modalidad de uso: *compresas calientes.*

POSOLOGÍA
Se aplica una compresa diaria encima de la zona dolorida con cinco gotas de cada esencia en 100 ml de agua caliente.

USO INTERNO

CAYEPUT

Indicaciones: *reumatismos, gota.*

POSOLOGÍA
Se toman después de las comidas tres gotas de esencia en una bebida elegida.

MANZANILLA COMÚN

Indicaciones: *reumatismo difundido.*

POSOLOGÍA
Se toman después del desayuno tres gotas de esencia en una bebida elegida.

NOTA

Otros aceites esenciales para utilizar externamente: *cayeput.*

OSTEOARTROSIS

Enfermedad crónica que afecta a las articulaciones, con lesiones degenerativas del cartílago y del tejido óseo, pero sin afectar a los tejidos blandos.

USO EXTERNO

ALCANFOR, CIPRÉS

Modalidad de uso: *compresas calientes.*

POSOLOGÍA
Se aplica una compresa diaria con cinco gotas de cada esencia en 100 ml de agua caliente.

CIPRÉS, LIMÓN

Modalidad de uso: *baños de manos y de pies.*

POSOLOGÍA
Se utilizan cinco gotas de cada esencia en una cubeta de agua caliente.

ENEBRO, LIMÓN

Modalidad de uso: *masajes.*

POSOLOGÍA
Se masajea dos veces al día la zona dolorida con cinco gotas de cada esencia en una cucharadita de aceite de base.

NARANJO AMARGO, MANZANILLA COMÚN

Modalidad de uso: *baños aromáticos.*

POSOLOGÍA
Se utilizan doce gotas de cada esencia en el agua del baño.

USO INTERNO

AJO, TOMILLO

Indicaciones: *artrosis en las articulaciones de codo, hombro, rodilla y cadera.*

POSOLOGÍA
Se toman tres gotas de una de las esencias indicadas en una bebida elegida, después de comer y/o cenar a días alternos, o alternadas en el mismo día.

ROMERO

Indicaciones: *artrosis cervical y lumbosacral.*

POSOLOGÍA
Se toman por la mañana, recién levantado, tres gotas de esencia en una bebida elegida.

NOTA

Otros aceites esenciales para utilizar externamente: *ajo, pino silvestre.*

OSTEOPOROSIS

Rarefacción ósea acompañada de disminución de la masa esquelética, debida a múltiples causas: desequilibrios endocrinos (por ejemplo debidos a la menopausia), falta de calcio y proteínas, absorción intestinal deficiente de calcio, inmovilidad prolongada (a causa de fracturas, parálisis, etc.). Una correcta alimentación es básica para la prevención de la osteoporosis senil.

USO EXTERNO

MANZANILLA COMÚN, ESPLIEGO, MEJORANA

Modalidad de uso: *baños aromáticos.*

POSOLOGÍA
Se utilizan doce gotas de cada esencia en el agua del baño.

PINO SILVESTRE, SALVIA

Modalidad de uso: *baños de pies y de manos.*

POSOLOGÍA
Se utilizan cinco gotas de cada esencia en una cubeta de agua caliente.

USO INTERNO

ALCANFOR

Indicaciones: *extremidades doloridas, pies y manos fríos.*

POSOLOGÍA
Se toman por la tarde (hacia las 16-18 h) tres gotas de esencia en una bebida elegida.

LIMÓN

Indicaciones: *articulaciones doloridas, tobillos hinchados.*

POSOLOGÍA
Se toman por la mañana, o por la noche antes de acostarse, tres gotas de esencia en una bebida elegida.

ANOMALÍAS DEL COMPORTAMIENTO

ANSIEDAD, APRENSIÓN, ANGUSTIA

USO EXTERNO

ALCANFOR

Modalidad de uso: masajes en los hombros, espalda y columna lumbar.

POSOLOGÍA
Se masajea por la tarde con 20 gotas de esencia en dos cucharaditas de aceite de base.

MANZANILLA COMÚN

Modalidad de uso: baños aromáticos.

POSOLOGÍA
Se utilizan 15 gotas de esencia en el agua del baño para tomar por la mañana.

NEROLÍ

Modalidad de uso: compresas encima del pecho, sede de los puntos de ansiedad según la medicina china.

POSOLOGÍA
Se aplica la compresa por la noche, antes de acostarse, con diez gotas de esencia en 100 ml de agua caliente.

ASTENIA INTELECTUAL Y SEXUAL

USO EXTERNO

MEJORANA

Modalidad de uso: baños aromáticos.

POSOLOGÍA
Se utilizan 15 gotas de esencia en el agua del baño, por la mañana.

PINO SILVESTRE

Modalidad de uso: compresas encima del abdomen inferior (pelvis).

POSOLOGÍA
Se aplica la compresa por la noche, antes de acostarse, con diez gotas de esencia en 100 ml de agua caliente.

ROMERO, AJEDREA DE MONTAÑA

Modalidad de uso: masajes encima de toda la columna vertebral.

POSOLOGÍA
Se masajea por la tarde con diez gotas de cada esencia en dos cucharaditas de aceite de soporte.

CÓLERA, CRISIS HISTÉRICAS

USO EXTERNO

ALBAHACA

Modalidad de uso: *compresas encima del páncreas y el bazo (plexo solar).*

POSOLOGÍA
Se aplica la compresa por la noche, antes de acostarse, con diez gotas de esencia en 100 ml de agua caliente.

ANÍS VERDE

Modalidad de uso: *masajes encima de hombros y brazos.*

POSOLOGÍA
Se masajea por la tarde, con 20 gotas de esencia en dos cucharaditas de aceite de soporte.

MELISA

Modalidad de uso: *baños aromáticos.*

POSOLOGÍA
Utilizar 15 gotas de esencia en el agua del baño, por la mañana.

MELANCOLÍA, DEPRESIÓN

USO EXTERNO

ESPLIEGO

Modalidad de uso: *baños aromáticos.*

POSOLOGÍA
Se utilizan 15 gotas de esencia en el agua del baño, para tomar por la mañana.

MELISA, ROMERO

Modalidad de uso: *masajes encima de brazos y piernas.*

POSOLOGÍA
Se masajea por la tarde con diez gotas de cada esencia en dos cucharaditas de aceite de soporte.

ORÉGANO COMÚN

Modalidad de uso: *compresas encima del pecho (plexo cardiaco).*

POSOLOGÍA
Se aplica la compresa por la noche antes de acostarse, con diez gotas de esencia en 100 ml de agua caliente.

MIEDO, SUSTO, PÁNICO

USO EXTERNO

CILANTRO, JAZMÍN

Modalidad de uso: *masajes encima de espalda y lomos.*

POSOLOGÍA
Se masajea por la tarde con diez gotas de cada esencia en dos cucharaditas de aceite de base.

MANZANILLA ROMANA

Modalidad de uso: *compresas encima de cuello y frente.*

POSOLOGÍA
Se aplica la compresa antes de acostarse con diez gotas de esencia en 100 ml de agua caliente.

NARANJO AMARGO

Modalidad de uso: *baños aromáticos.*

POSOLOGÍA
Se utilizan 15 gotas de esencia en el agua del baño por la mañana.

ÍNDICE DE LOS ACEITES ESENCIALES

ÍNDICE DE LAS FICHAS TERAPÉUTICAS